U0109182

古典文獻研究輯刊

二一編

潘美月・杜潔祥 主編

第16冊

環渤海地區媽祖史料輯解（下）

方廣嶺 著

國家圖書館出版品預行編目資料

環渤海地區媽祖史料輯解（下）／方廣嶺 著 -- 初版 -- 新北市：
花木蘭文化出版社，2015〔民 104〕
目 2+174 面；19×26 公分
（古典文獻研究輯刊 二一編；第 16 冊）
ISBN 978-986-404-355-2（精裝）
1. 媽祖 2. 民間信仰 3. 文獻學
011.08　　104014550

ISBN-978-986-404-355-2

古典文獻研究輯刊
二一編　第十六冊　　ISBN：978-986-404-355-2

環渤海地區媽祖史料輯解（下）

作　　者　方廣嶺
主　　編　潘美月　杜潔祥
總 編 輯　杜潔祥
副總編輯　楊嘉樂
編　　輯　許郁翎
企劃出版　北京大學文化資源研究中心
出　　版　花木蘭文化出版社
社　　長　高小娟
聯絡地址　235 新北市中和區中安街七二號十三樓
　　　　　電話：02-2923-1455／傳真：02-2923-1452
網　　址　http://www.huamulan.tw 信箱 hml 810518@gmail.com
印　　刷　普羅文化出版廣告事業
初　　版　2015 年 9 月
全書字數　288100 字
定　　價　二一編 16 冊（精裝）新台幣 30,000 元

環渤海地區媽祖史料輯解（下）

方廣嶺　著

目次

上　冊

下　冊

第六章　詩詞類的媽祖史料

詩詞主要來源於歷代文集、遊記、方志、竹枝詞、民謠民諺等，其價值主要體現在：1 對媽祖身份特徵和神蹟的表述。2 對民間風俗的描寫。3 對民間祭祀活動的描述。歷代文人在詩篇中對於媽祖其人其事抒發無限的感慨和詠歎，將媽祖及相關人物的人格形象，與詩歌韻律中的物化意識融合起來，營造出一種至眞至美的情境，用於通民，用於化神，同時引導著媽祖信仰上陞爲國家祀典。

一、元　代

（一）天津市

1、天妃行宮　楊維禎

海國神風捷可呼，緣林儌福苦相紆。

片帆尙借周郎力，護得青龍到直沽。

（摘自李端修，桑悅纂：(弘治)《太倉州志》卷十上，清宣統元年（1909）《彙刻太倉舊志五種》刻本。）

注：本詩中的「青龍」指的是遭運船。這裏的天妃宮即是太倉天妃宮。詩人歌詠天妃行宮，讚頌媽祖的神力，「護得青龍到直沽」，護送漕運船隻順利抵達目的地——直沽（天津），功不可沒，詩人借歌詠媽祖的功績揭示了漕運這一經濟命脈的重要性。統治者爲了安撫民心，通過媽祖崇拜來鼓勵百姓克服海上航行的畏懼心理，因而對媽祖信仰尤爲重視，建造了許多媽祖廟，而且定期派官員代表朝廷出行沿路到祖廟祭祀媽祖。這種現象就成了歌詠媽祖詩歌創作的重要契機，詩人們常常爲祭廟的官員獻詩，成爲這一時期以媽祖爲題材詩歌的來源。

2、直沽　王懋德

極目滄溟浸碧天，蓬萊樓閣遠相連。
東吳轉海輸梗稻，一夕潮來集萬船。

（摘自（乾隆）《天津縣志》卷二十二「藝文志」，清乾隆四年（1739）刻本。）

注：王懋德，字仁父，元代高唐人。元文宗至順前後在世，官至中書左丞。工詩，有《仁父集》。本詩以簡潔的語言，描繪元代時中國北方重要漕運之地直沽的景致，以及漕運活動的繁盛。

滄溟：海水彌漫，常用來指大海。浸：原意爲被水滲入，泡在水裏。蓬萊：古代傳說中三神山之一，位於山東東部，北臨渤海、黃海。蓬萊閣爲名勝古蹟。此句意爲：與遙遠的仙境蓬萊相連接。東吳：三國時吳因地處江東，也稱東吳，在此泛指江南地區。輸：運輸。梗稻：梗字有誤，應爲粳。粳稻即稻的一個品種，分佈在我國太湖一帶、淮河以北，以及華南、雲貴高原等地。在此泛指糧食。

3、直沽口　傅若金

遠漕通諸島，深流會兩河。鳥依沙樹小，魚傍海潮多。
轉粟昏秋入，行舟日夜過。兵民雜居久，一半解吳歌。
海戍沙爲堡，人家葦織簾。使收通漕米，兵捕入京鹽。
蟹憶霜時賤，蚊愁夏夜添。歸人倚船坐，閒愛草纖纖。

（摘自（乾隆）《天津縣志》卷二十二「藝文志」，清乾隆四年（1739）刻本。）

注：傅若金，字汝礪，後改字與礪，著有《傅與礪詩文集》。本詩對三岔河口一帶特有的自然地理、經濟和人文情況作了具體描述。其中前一部分描寫三岔河口的自然地理環境，後一部分描述了當地有關漕運、經濟和風土人文等方面的特色。

一夕：即一旦。潮：定期漲落的海水。此句意爲：一旦海水漲潮，萬艘糧船順潮水之勢，雲集直沽。漕：原專指水道運糧，在此爲漕運水道。此句意爲：長長的漕運水道貫通遠方各島。深：與「淺」相對，水積厚，引申爲由上而下。會：聚合、匯合。兩河：此處專指南運河、北運河。依：依靠，在此引申爲棲息。沙：細碎的砂質土，在此意爲水邊沙灘。此句意爲：沙灘上供鳥兒棲息的樹木稀少。傍：依傍，臨近。此句意爲：供鳥兒生息的海水很多。轉粟：指漕運由南至北，由海至運河之意。行舟日夜過：船隻日夜往來不斷。兵民雜居久：軍士與居民混雜居住很久。吳：古國名，今江蘇蘇州一帶。吳歌：吳地歌曲，在此意爲吳地方言。此句意爲：當地半數居民聽得懂吳地方言。

本詩同載於（清）梅成棟輯：《津門詩抄》卷二十五中。梅成棟（1776～1844），字樹君，號吟齋，清天津人，詩人。清嘉慶五年（1800）恩科舉人，道光年間倡立輔仁學院，主講十餘年。曾經在天津水西莊與文人名士結成「梅花詩社，」有許多詩作在士林傳誦，是當時天津詩壇公認的領袖，輯元明清鄉人詩抄爲《津門詩抄》。

4、代祀天妃廟　張翥

曉日三岔口，連檣集萬艘。普天均雨露，大海淨波濤，

入廟靈風肅，焚香瑞氣高。使臣三奠畢，喜色滿宮袍。

（摘自（乾隆）《天津縣志》卷二十二「藝文志」，清乾隆四年（1739）刻本。）

注：張翥（1287～1368），元代詩人。字仲舉，晉寧（今山西臨汾）人。元至正初年（1341）被任命爲國子助教，後來升至翰林學士承旨，今存《蛻庵詩集》4卷，詞2卷。其中《蛻庵集》卷二中載該詩題目爲「代祀湄洲天妃廟次直沽」，詩的內容是「曉日三叉口，連檣集萬舠。普天均雨露，大海靜波濤。人廟靈風肅，焚香瑞氣高。使臣三奠畢，喜氣滿宮袍」。元至正九年（1349）作者與直省舍人彰實奉詔，歷祀天妃廟，始自直沽，卒事於漳。《蛻庵集》是據《元詩選》本校錄的，而《四庫》本與方志本中的「舠」均作「艘」。方志本、《四庫》本、《古今圖書集成》本末句中「喜氣」均作「喜色」。

次：停、住。直沽：舊時天津的代稱。三岔口：即三岔河口，係南運河、北運河、海河三條河流會合、分岔處，故稱「三岔」。原在天津舊城東北，今天津市河北區獅子林橋附近。1949 年後，南北運河裁彎取直，三岔口始成於今金鋼橋處。艘：大船。

本詩描述曾經作爲漕運要道的天津海河三岔口一帶，漕船來來往往的繁忙場面，風調雨順、波平浪靜的昇平景象。天后宮香火旺盛，散發著靈風瑞氣，讓祭奠完畢的使臣歡喜不已。從「入廟靈風肅」和「使臣三奠畢」的客觀臨摹中，無疑能夠使人感覺受到天后宮内祭祀活動的莊嚴、肅穆、隆重、規模和檔次，亦流露出使臣沾沾自喜之色。雖然作者自稱只是「代祀」，但還是可以感受到元朝政府對天后娘娘和天后廟宇的重視程度。

這首詩同載於（乾隆）《寶坻縣志》卷十八「藝文志」中。

5、直沽謠 臧夢解

雜還東入海，歸來幾人在？紛紛道路覓亨衢，笑我蓬門絕冠蓋。虎不食，堂上肉；狼不驚，里中婦。風塵出門即險阻，何況茫茫海如許。去年吳人赴燕薊，北風吹人浪如砥。一時輸粟得官歸，殺馬椎牛宴閭里。今年吳兒求高遷，復禱天妃上海船。北風吹兒墮黑水，始知溟渤皆墓田。勸君陸行莫忘萊州道，水行莫忘沙門島。豺狼當路蛟龍爭，寧論他人致身早。君不見，賈胡剖腹葬明珠，後來無人鑒覆車。明年五月南風起，猶有行人問直沽。（摘自〔清〕梅成棟輯：《津門詩抄》卷二十五，清道光四年（1824）思誠書屋刻本。）

注：臧夢解（1286～1335），號魯山，浙江慶元（今寧波）人。宋末中進士第，未官而國亡。元至元十三年（1276），從其鄉郡守將内附，授奉訓大夫、婺州路軍民人匠提舉。歷官廣東肅政廉訪使，敏於政事，操守介特，時稱魯山先生。元大德九年（1305），退居杭州，以亞中大夫、湖南宣慰副使致仕。有《周官考》、《春秋微》等。

直沽爲天津最早的居民聚居地之一，瀕臨海河，金時稱直沽寨，元時海運開通後，爲南來海運終點，天津最早的兩座天后宮即建於此。本詩作於元初行海上漕運時。《古今圖書集成》中《方輿彙編·順天府部》載此詩題爲《解直沽謠》，作者誤作「臧夢」。詩中描述一個出身寒門，跟隨漕船經歷海上性命危險的小吏，盼望媽祖保祐，安全返里，求得陞遷的悲喜心態。

本詩同載於（乾隆）《天津縣志》卷二十二「藝文志」中。

二、明　代

（一）天津市

1、送浙省都事曹德輔運糧北上 貝瓊

屯田未開歲未熟，白粲一金才一斛。將軍初下山東城，使者復轉江南粟。颶風五月西南回，黃龍朱雀一時開。雷霆夜撾海若死，雲霧晝合天妃來。

黑洋北去五千里，直沽近接金河水。內廷傳勅賜宮壺，侍臣出報龍顏喜。

（摘自貝瓊：《清江詩集》卷四「七言古詩」，見《欽定四庫全書》第1228冊「集部167·別集類」，上海：上海古籍出版社1987年6月第1版。）

注：貝瓊（1314～1379），字廷琚，一字仲琚，又字廷珍。初名闕，字廷臣，別號清江，崇德人（今浙江桐鄉）人。元末往來於華亭（今江蘇蘇州）、海昌（今浙江海寧）間，生徒雲集，又曾主教幽湖（今桐鄉濮院）朱顯道家。明洪武三年（1370）舉明經，召修《元史》。史成，受賜歸鄉。洪武五年（1372）受命出任浙江鄉試官。次年任國子助教，後改作中都國子監。洪武十一年（1378）致仕歸，翌年卒於家。著有《清江貝先生集》、《清江稿》等。

明初仍然沿襲元朝的海運。本詩所言明初天妃在護海運上發揮的作用，仍然不遜色於前朝。

2、直沽櫂歌　無名氏

天妃廟對直沽開，津鼓連船柳下催。

釃酒未終舟子報，柁樓黃蝶早飛來。（舟人以黃蝶卜神來饗）

注：天后宮建成後，廟門朝東，直面海河，南來北往的船隻皆拋錨停泊，赴廟進香。有些船隻無法靠岸，船民、商賈亦可在船上朝拜天后，求福求順，祈賜平安。這樣既滿足登岸朝拜信徒的要求，也適應當時繁忙的航運形勢，顧及那些無法登岸信徒的需求。另外，本詩名爲櫂歌，而實似競舟活動。通篇表現競舟速度之快，黃蝶因與媽祖傳說有關，有捷報吉祥之意。詩中表達的大意是說，天妃廟所對的大直沽地方，漕船在柳下河邊都擠滿了，還沒等新酒釀好，舟人就以黃蝶飛至卜得神仙要來吃酒。看，連神仙都等不及了，可見直沽酒的誘惑力有多大。

雲帆十幅下津門，日落潮平不見痕。

葦甸茫茫何處泊，一燈明處見漁村。

注：天津的形成、發展與水息息相關，可以說是緣水而生。這裏成陸之初，河流縱橫，地勢低窪，坑塘星羅，澤淀棋布。天津古稱「津門」，從明人《直沽棹歌》可見當時「津門」水天茫茫的景象。天津又有「直沽」、「津沽」之名和七十二沽之稱。沽就是窪淀地、水澤地、入海地。水是天津百姓的衣食之源、生命之根。天津與水結緣，因水的孕育和滋潤而繁衍生息，成爲中

國北方的一顆璀璨明珠。

蘼蕪楊柳綠依依，檣燕檣烏立又飛。
賺得南人鄉思緩，白魚紫蟹四時肥。

注：津西楊柳青鎮坐落在大運河北段的南運河上，是貫通南北東西的交通漕運樞紐、物流集散地和工商重鎮。作爲楊柳青標誌性藝術的木版年畫形成和發展，與楊柳青漕運的發達，以及大運河的開通和興盛有著不可分割的聯繫。明永樂十三年（公元 1415 年），大運河全線開通後，南方土特產及蘇、浙一帶的紙、墨、筆、顏料等，通過漕運至楊柳青者逐漸增多。楊柳青年畫也開始改用南紙，使用南方運來的顏料，出現了彩色套印，進而發展成彩色套印加人工彩繪的全套工藝，楊柳青年畫的身價大增，從而爲楊柳青年畫品質的提升奠定了良好的物質基礎。詩中的「南人」即指蘇、浙人。

（摘自〔清〕梅成棟輯：《津門詩抄》卷二十五，清道光四年（1824）思誠書屋刻本。）

本組詩同載於（乾隆）《天津縣志》卷二十二「藝文志」中和朱竹垞（朱彝尊）《明詩綜》卷 96，作者題「無名氏」，當爲明人。其中第一首即是生動描寫當時人們在船上向天妃宮祭祀的情形。詩人通過作詩來歌頌天津的天妃宮，使讀者可以瞭解到媽祖信仰分佈之廣，從而有利於媽祖精神的更進一步傳承。

（二）山東省

謁海神廟觀海　黃克纘

元氣茫茫接太清，乘春一望水雲平。雪花浮浪千重起，日色蒸霞四散明。
海上烽銷旗半偃，津頭潮落棹空横。馨香好答神靈貺，莫遣鯨波又震驚。

（摘自鄭錫鴻、江瑞採修，王爾植等纂：（光緒）《蓬萊縣續志》卷十四「藝文志下·詩歌」，清光緒八年（1882）刻本。）

注：黃克纘（1550～1634 年），字紹夫，號鍾梅，謚襄惠，福建晉江人。明萬曆八年（1580 年）進士。歷任兵部尚書（兩任）、工部尚書、刑部尚書、吏部尚書，加太子太傅，故有「五部尚書」或「黃五部」之稱。萬曆間，曾經長期主政山東。

本詩充分表達了作者對蓬萊閣及蓬萊閣天后宮的觀賞和吟詠。

（三）河北省

謁天妃宮　佚名

嬰兒謁廟五更天，一盞琉璃照海船。
拜罷天妃樓上立，紅羅裏擲飯僧錢。

（據山海關天妃宮石刻）

注：本詩署名文字已漫漶難辨，作者不詳，所題之天妃宮指河北省山海關天后宮，始建於明天順年間。因此本詩創作時間不明，環渤海一帶稱媽祖爲娘娘，也被尊爲「扶胎救產，保赤祐童」的女神，故本詩所詠即大人抱嬰謁廟祈福之俗。

三、清　代

（一）天津市

1、天后會四十韻（爲期在三月二十日及二十二日）　于豹文

神光縹渺隔滄瀛，士女歡娛解送迎。霧隱七閩潮上下，雲開三島畫分明。翔鷗低映蛟宮水，繡幌遙連赤嵌城。（三月二十三日爲天后誕辰，赤嵌城在臺灣）萬古郊禖同享祀，（世廟時特諭春秋致祭）一時向若共飛聲。澄鮮惠逮鮫人伏，祝頌便聯珠戶傾。壽域枝交桃捧日，華筵香滿巷吹餳。東皇乍啓催鸞輅，少女微飄展翠旌。戲衍魚龍誰後至，曲傳鐃吹競先鳴。承蜩技妙胸頻按，走索身輕體半裎。盎運竿頭形的的，蓮生足下態盈盈。（謂寸蹺）粧偷齲齒姿偏麗，鍔閃純鈎目盡瞠。（有擲刀之戲）前導莊嚴七寶聚，中權爛漫五花擎。雲梯月殿空濛合，鬼斧神工指顧成。豈是樓台重晚照，但憑般翟迸心精。大千眷屬參差見，小有因緣次第縈。高出層霄鄰窈窕，響如流水助鏗訇。冶遊試就黃金勒，仙子謫來白玉京。選妓臨風多姽嫿，修羅揚盾太猙獰。廣眉壓額龍頭困，巨臂連尻豕腹亨。幻憶鵝籠聞魄格，變驚鬼國認花騌。錦欄（花名）鳳尾（蕉名）紛前後，芝蓋雲旗儼縱横。鶴篆翩翩娍玉筯，瓊槳馥馥瀉金莖。崆峒駐蹕鈎陳列，紫府回車彩仗輕。（天后乘輦，儀仗森嚴，制同王者）信有天吳森羽衛，無勞巴女薦湘蘅。佐觴細拊成君磬，侑食微調子晉笙。焰吐龍銜星照戶，翠騰麟脯露垂罌。元宵興劇由來諳，祓禊歡濃此日並。贈芍那愁波共遠，湔裙差喜雨初晴。蹣跚步自依豚柵，鬧掃妝宜對豆棚。（遊人疊肩踢臂，雜以鄉中婦女）踏遍香塵應有迹，乞殘新火倍多情。採桑

筐寘遺春蠶，叱犢鞭停罷曉耕。桃葉渡邊呼畫舫，（外至者旅舍不能容，則夜宿舟中）棗花簾外頓華纓。偕行翼趁雙飛燕，（有夫婦同遊者）辨色喉憐百囀鶯。（觀者半侵晨而起）幾處樓頭窺盼盼，何人陌上喚卿卿。趙家姊豔文鴛競，楊氏姨驕繡隊呈。（傾城出觀，雖大户亦不能禁）柳桁一旗傾桂釀，藥欄三爵饜侯鯖。（遊人以醉飽爲樂）擁來車戲神恒眩，望去金支意轉誠。屭贔光搖浮彩鷁，婆娑影動偃長鯨。春回慈御千塍潤，風避皇威萬國清。測海定當球共至，更將歌舞答昇平。（摘自梅成棟輯：《津門詩抄》卷十一，清道光四年（1824）思誠書屋刻本。）

注：于豹文（1713～1762），字虹亭，號南岡，天津人。清乾隆三年（1738）舉人，乾隆十七年（1752）中進士，未仕病故，著有《南岡詩草》。

本詩詠天津天后廟會民俗活動（括號中的文字係原文加注）。于豹文的《天后會四十韻》，以其生花之筆，描述了天后宮媽祖誕辰之日，「萬古郊禖同享祀，一時向若共飛聲。澄鮮惠逮鮫人伏，祝頌便聯珠户傾。壽域枝交桃捧日，華筵香滿巷吹餳」萬人同慶的熱鬧場面。天后會表演的節目，更是百戲雜陳，五彩繽紛，「承蜩技妙胸頻按，走索身輕體半裎。盎運竿頭形的的，蓮生足下態盈盈。妝偷齲齒姿偏麗，鍔閃純鈎目盡瞠」。四鄉百姓爲了趕來參會，不惜「採桑筐寘遺春蠶，叱犢鞭停罷曉耕」。來的人之多，以致到了晚上旅店爆滿，只得「桃葉渡邊呼畫舫」，露宿舟中了。天后宮廟會可謂盛況空前。

本詩與楊一昆的《皇會論》遙相呼應，眞實記錄了清代天津天后宮天后誕辰日的民俗活動，爲研究媽祖信仰在天津的發展歷程，留下了寶貴的史料。

2、沽河雜詠　蔣詩

廟貌權輿泰定中，今年卜得順帆風。

劉家港裏如雲艘，都禱靈慈天后宮。

《元史・本紀》：泰定三年八月，作天妃宫於海津鎮。《寰宇通志》：元臧夢解《直沽謠》「今年吳兒求高遷，復禱天妃上海船。北風吹兒渡黑水，始知溟渤皆墓田」。《玩齋集》：「萬艘如雲，畢集海濱之劉家港，於是齋戒卜吉於天妃靈慈宮」。（摘自摘自梅成棟輯：《津門詩抄》卷二十九，清道光四年（1824）思誠書屋刻本。）

注：蔣詩，字秋吟，浙江仁和（今杭州）人。清嘉慶十年（1805）進士，授翰林院編修，歷官侍御史，有《秋吟詩鈔》。

此詩爲作者初寓天津所作百首雜詠詩之一。其原序云：「乾隆乙卯集試後，遊天津，住婦叔徐中翰家，有陳媪者，善談沽上雜事，詠之，得詩一百首」。可知作於乾隆六十年（1795）。

3、天后宮　于廷獻

驅使封家十八姨，龍洋鯨浪坦如夷。三津宮殿同瞻仰，萬里帆檣盡指迷。
彩蝶只今來海舶，神鴉終古拂靈旗。聖朝重譯爭修貢，呵護傳聞事更奇。

（摘自（乾隆）《天津縣志》卷二十三「藝文志」，清乾隆四年（1739）刻本。）

注：于廷獻，生卒、事迹皆不詳。本詩詠天津天后宮及其傳說，其中詩中描述「封家十八姨」指傳說中的風神，也作「封家十八姨」。「彩蝶」、「神鴉」光臨海舶是吉祥的徵兆。「只今」猶如今。「重譯」爲派出翻譯北方話的官員，以便徵收糧稅。「修貢」：獻納貢品。

4、津門小令　樊彬

其三五

津門好，忙碌雜優遊。小直沽頭人似蟻，錦衣橋外艇如鷗，風景兩般留。

小直沽在天后宮前，錦衣衛橋近陳家溝。

其四九

津門好，天后廟開時。鐵馬珠懸紅線絡，金魚瓶映碧玻璃，燈市上元期。

天妃廟建於泰定三年，見《元史》。正月廟市半月。

其五一

津門好，皇會暮春天。十里笙歌喧報賽，千家羅綺鬥鮮妍，河泊進香船。

天后神最靈應，三月出處，賽會雲集，名皇會，數百里皆來進香。

其九七

津門好，兒戲笑聲嘩。碎剪羊皮糊老虎，細穿馬尾叫蛤蟆，竹馬紙烏紗。

天后宮及各廟會皆賣耍貨戲具。

（摘自樊彬撰：《津門小令》一卷，1988年天津圖書館據清刻本影印。）

注：樊彬（1796～1881），字質夫，號文卿，清天津人。少有文名，但屢試不第。出身稟生，曾充國子館謄錄，後敘勞授冀州訓導。又遷湖北蘄水縣丞，調鍾祥縣丞，權知遠安、建始等縣。後告歸，僑寓京師，居貧淡泊，至

老精力不衰。所交皆好古之士，生平篤嗜金石文字，搜羅海內碑刻至二千餘種，著有《畿輔碑目》二卷、《待訪碑目》二卷、《問青閣詩集》十四卷和《津門小令》等。其中《津門小令》爲記天津風土之作，撰於清嘉慶二十三年（1818）。

本組小令詞牌實即「憶江南」，作於清道光末。「三五」詩中描繪天津小直沽一帶的景色，「四九」中描寫天后宮中出售金魚的場景，此時的金魚瓶不再稱作「琉璃」，而稱「玻璃」。詩中還言及「燈市上元期」，這是天后宮新春盛況的又一節點。「五一」中描寫春暖花開時節，在皇會期間，天津萬人空巷，上香祈福的情景。「九七」中則描寫天后宮廟會市場的繁榮景象。

5、津門雜事詩　汪沆

天后宮前泊賈船，相呼郎罷禱神筵。

穹碑剔蘚從頭讀，署字都無泰定年。

《元史・泰定帝本紀》：「泰定三年八月，作天妃宮於海津鎮」。此則天津立廟之始，舊志及碑碣都不詳。

元日晴光晝不如，靈慈宮外鬥香車。

琉璃瓶脆高擎過，爭買朱砂一寸魚。

天后宮舊名靈慈宮，歲朝閭人咸走集焉。宮前有鬻小紅魚者，以琉璃瓶貯之。（摘自汪沆《津門雜事詩》不分卷，清乾隆四年（1739）精刻本）

注：汪沆（1704～1784），字西顥（一作西灝），一字師李，號槐堂（一作槐塘），浙江錢塘人。諸生。早歲能詩，與杭世駿齊名。清乾隆十二年（1747）舉「博學鴻詞」，報罷。遊天津，客查氏水西莊，南北論詩者奉爲壇坫。大學士史貽直將以經學薦，以母老辭。沆博極群書，好爲實用之學自農田、水利、邊防、軍政、靡不條貫。著有《湛華軒雜錄》、《讀書日劄》、《新安紀程》、《全閩采風錄》、《蒙古氏族略》、《識小錄》、《泉亭瑣事》、《汪氏文獻錄》及《槐堂詩文集》，（均見《清史列傳》）並傳於世。《津門雜事詩》共百首，是天津歷史上第一部竹枝詞。清華鼎元（字同三，號文珊）輯入《梓里聯珠集》，原爲南開大學圖書館藏抄本，1986 年天津古籍出版社出版點校本。

詩中靈慈宮是天后宮廟的別稱。詩中寫作者親自到三岔河口天后宮祭祀，並考證碑文無泰定年建廟的記載，因此對三岔河口天后宮的始建年代提出質疑。另外在早年間，天后宮內有許多由配殿改成的商業店鋪，賣剪紙窗花、弔錢兒、純金首飾以及金魚等都是非常有名的，本詩中就曾經描繪人們來天后宮買金魚的情景。

天津人歷來就有愛養小金魚的歷史傳統，一來是取其「金魚金魚，金銀有餘」的求吉避凶吉祥語，二來是緣於到天后宮燒完香不空手回家，有「帶福還家」的舊俗。「福」爲何物？價廉又吉祥的小金魚即成首選之物。早年，天津有數處賣小金魚的市場，其中最著名的當屬天后宮。天后宮金魚攤是天津市內有文字記載的歷史最悠久的專賣小攤。天后宮山門旁是賣小金魚、魚蟲子、水草和玻璃魚缸、木架、瓦盆的常地，年節時更增添幾分熱鬧。所賣金魚均來自幾華里外的梁家嘴。小金魚的品種很多，有望天、獅子頭和紅帽等。金魚攤租用的是廟地，因此每月需向廟內交租。當時海河水是混黃的，而天后宮二天后宮內井水卻很甘甜清亮，非常利於養魚，金魚成活率也很高，因此天后宮小金魚享有極高的聲譽。本詩中寫到年俗裏的天后宮時，元日、歲朝，均是正月新年的稱謂。詩與注同讀，如見天后宮宮裏宮外人群熙攘、歡聲笑語的節日景象，彷彿一個特寫鏡頭在遊人中移動。爭著買到金魚的人，怕擠壞玻璃瓶，把瓶子擎得高高的。

清代和民國間曾經有多位詩人對天后宮的小金魚進行描寫，可見天后宮售賣小金魚已經有很長的歷史了。

另外，(同治)《續天津縣志》卷十九「藝文四」，同載汪沆《津門雜事詩》，內容與本文略有區別，差別主要體現在這首詩的原注上。

津門雜事　汪沆

天后宮前泊賈船，相呼郎罷禱神筵。
穹碑剔蘚從頭讀，署字都元泰定年。

《元史》泰定二年八月，作天妃宮於海津鎮。

（摘自（同治）《續天津縣志》卷十九「藝文四」，民國十七年（1928）補刻本。）

6、津門百詠　崔旭

一

飛翻海上著朱衣，天后加封古所稀。
六百年來垂廟饗，海津元代祀天妃。

（天后宮。《臨安志》：林氏女能乘席渡海，著朱衣，飛翻海上。《元史》南海女神靈惠夫人以護海運，加封天妃，作宮海津鎮，國朝加封天后。）

二

逐隊幢幡百戲催，笙簫鐃鼓響春雷。

盈街塡巷人如堵，萬盞明燈看駕來。

（皇會。天后宮賽社俗稱「皇會」）

（摘自張江裁輯《京津風土叢書》不分卷，民國二十七年（1938）鉛印本。）

注：崔旭（1767～1846），字曉邨，號念堂，天津慶雲（今屬山東）人，曾寓天津。清嘉慶五年（1800）舉人，知山西蒲縣。工詩文，兼精篆刻，主纂嘉慶《慶雲縣志》，有《念堂詩草》、《念堂詩話》、《津門百詠》、《慶云詩抄》等。

本組詩作於清道光四年（1824）。作者原序云：「道光四年，安硯津門。自應童子試，初從父兄遊此地；又赴春秋兩闈，往來經過四十餘年。城郭、人物多存舊觀；而逐日增新亦復不少。賓館多暇，輒撮所聞見作爲韻語。事不厭煩，語不厭俚，區區微尚，亦是寓焉」。又各詩後有附記。前兩句讚頌天后的事蹟和歷史地位，後兩句介紹天后（天妃）與海津（天津）的淵源關係。作者在詩中追述了天后的事蹟和殊榮，天津皇會的盛況和天后誕辰期間的熱鬧景象。

張江裁，初名仲銳，後改稱江裁，別號燕歸來簃主人，四歲隨父母進京生活，1923 年考入世界語專門學校，後又入孔教大學學習，並獲得文學士學位。此後受聘於《丙寅雜誌》和北京《民國日報》副刊編輯。1927 年受聘燕都史館修志，1930 年 12 月應國立北平研究院歷史學會之邀，調查北平風土，專門纂修北平志。《京津風土叢書》出版於 1938 年，共收文獻 17 篇，其中有關北京的 12 篇，天津的 2 篇，所收資料內容涉及遺事、名勝、歲時、負販、貨聲、百怪之類。

7、

（1）小直沽　周寶善

耳邊不斷大河聲，天后宮前逐隊行。

向晚酒簾風颭處，一行錦字特標名。

（摘自周寶善《木葉詩稿・病葉吟》之「津沽河海散詠」）

（2）津門竹枝詞　天津周楚良（寶善）

兒女歡欣䣛歲除，娘娘宮裏衆紛如。玻璃缸子紅繩絡，要買頭盆鴨蛋魚。

三月上弦齊演會，天妃又是出巡時。中旛跨鼓列先籌，高蹺秧歌待撚鬮。
運署鶴齡偏引駕，夜來舞唱韻清幽。插空臺閣接仙曹，迴邁楊青節節高。
劉氏槓坊叉子會，城門出入最偏勞。駕前攏馬會蹺蹊，列隊雙雙五色迷。
穩坐雕鞍衣服豔，芳齡未冠比肩齊。簇擁仙童羽士裳，巡風幼女亦宮裝。
手擎蓮子角燈至，馬褂全披草上霜。德照輝煌恩照佳，香亭廣照後先挨。
誰知寶塔高逾丈，跑落街前穩不抓。繡花黃傘占中央，寶炬提爐列兩旁。
夜半人聲忽寂靜，駕來到了請高香。子子孫孫滿膝前，娘娘聖意倩人傳。
阿儂乏嗣關時命，不是天神與少緣。娘娘次號送生神，鬩得孩兒降世塵。
轉面猙獰相恐嚇，防他依戀不離身。斑疹娘娘舉世欽，天花散處總無心。
全憑造化分存歿，酬願焚香但表忱。寶輦生輝第四行，爐煙繚繞氣清揚。
阿儂偏慮銀花炫，稽首人群拜眼光。五代林姑是海神，天妃正號荷溫綸。
世人全不詢來歷，乞子求孫趁出巡。時行花好阿娘歡，來謝娘娘戴道冠。
獻供更求長命鎖，水哥豆姐也分盤。府縣城隍此赦孤，每當佛日鬧通衢。
九幽十八獄中鬼，演出奇形種種殊。當晚茶棚櫛比稠，輝煌陳設炫清眸。
嘉興鑼鼓元宵曲，預約十番上戲樓。

（摘自郝福森撰：《津門聞見錄》卷三「津門竹枝詞」，稿本。）

注：竹枝詞本於樂府之竹枝，亦名巴渝詞，流行於四川、重慶一帶。今把反映地方人文歷史、名勝古蹟和民俗風情的七言絕句（以此爲主要形式）、樂府、小令，乃至雜詠、棹歌等，泛稱爲竹枝詞。

周寶善（1817～？），字楚良，別號木葉。清天津人，諸生，撰《木葉詩稿》。題目爲編者所加，摘自周寶善《津門竹枝詞》三百首。本文以竹枝詞的形式，全面敘述了從正月至臘月的天津民俗民風以及地方上的農漁特產、飲食文化、百行百業和書畫戲曲等，全面反映了第一次鴉片戰爭之前天津社會生活的方方面面，其中尤其對於皇會盛況和天后宮的描寫，顯得更爲具體、生動。如開頭四句以金魚寫天后宮新春景象，詩中的鴨蛋魚指金魚，受燒頭炷香風俗影響所及，買金魚也希望頭盆的。

8、三月皇會香火船竹枝詞　金淳

樹影河樓雨後天，人來堤上小流連。又看皇會盈三月，村婦花紅香火船。
還將樸實話他鄉，買得津沽時物揚。共說今年河水滿，黃花魚好味偏長。

黃旗小傘大鑼樅，老媼牽繩守戶龍。各東高香笄字古，娘娘風景邁鄉邦。

鄉里媽媽親幾門，攜提老幼語言喧。敦龐人識農來勸，我亦江南老藕村。

（摘自金淳：《金樸亭詩集》，稿本。）

注：金淳（1794～？），字噗亭，清天津人。覲智孫，廩膳生，梅成棟弟子，著有《古硯山房詩》、《江鄉偶話》、《金樸亭詩鈔》、《金樸亭詩稿》等。

本詩作於清道光十七年（1837）。詩中描繪每年三月皇會期間，各地香火船踴躍進城的火爆場景。

9、津門徵蹟詩　華鼎元

（1）天后宮

梵宮建自海運始，弔古客來尋舊碑。一年最好是三月，無邊春色遊人嬉。

（摘自華鼎元輯：《梓里聯珠集》，南開大學圖書館館藏抄本。）

注：華鼎元（1837～？），字問三，號文珊，天津人，詩人華長卿之子。秦國經主編《中國第一歷史檔案館藏清代官員履歷檔案全編》第 26 冊載華鼎元於清同治七年（1868）六月所奏履歷爲「三十一歲」，可知生於 1837 年。其所奏緣由爲「遵例捐部寺司務分缺先選用，本年五月分簽學掣刑部寺司務缺」云云。作者同治間官至江蘇同知，輯錄有關於天津風土詩集《梓里聯珠集》，是研究天津城市開發史、自然地理、社會學、民俗學、文學藝術史的重要參考資料。

《津門徵蹟詩》是一組詩的總題，此首末注：「天后宮」，乃是正題。詩中的「梵宮」即天后宮。

（2）天津風俗詩　佚名

新年著個滿堂紅，頰染胭脂一色同。熱鬧娘娘宮畔路，香車飛趁夕陽紅。

（摘自華鼎元輯：《梓里聯珠集》，南開大學圖書館館藏抄本。）

注：本詩作者佚名，詩詠晚清天津的新年娘娘宮廟會之熱鬧場面。

10、津門迎神歌　沈峻

明鉦考鼓建旗纛，尋橦擲盞或交撲。魚龍曼衍百戲陳，更奏開元大酺曲。

笙簫箏笛絃琵琶，靡音雜還聽者嘩。老幼負販競馳逐，忙煞津門十萬家。

向夕燈會如匹練，燭天照地目爲炫。香煙結處擁福神，儀從繽紛圍雉扇。

白晝出巡夜進宮，獻花齊跪歡兒童。慈容愉悅默不語，譬彼造化忘神功。
別有香船泊河滸，攜男挈女求聖母。焚楮那惜典釵環，願賜平安保童豎。
我聞聖母奠海疆，載在祀典銘旗常。初封天妃嗣稱後，自明迄今恒降康。
津門近海魚鹽利，商舶糧艘應時至。雛神拯濟免淪胥，策勳不朽宜正位。
在昔緹縈與曹娥，皆因救父死靡他。雖云純孝澤未遠，孰若仁愛昭山河，
復有恬波稱小聖，立廟瀛堧禋祀敬。未聞報賽舉國狂，始信驩虞關性命。
伊余扶杖隨奔波，歡喜爰作迎神歌。康衢擊壤知帝力，闕里猶記鄉人儺。

（摘自張燾：《津門雜記》卷中，清光緒十年（1884）刻本。）

注：沈峻（1744～1818），初名揮，字丹崖，號存圃，天津人。清乾隆三十九年（1774）副榜貢生，官廣東吳川知縣。乾隆五十七年（1792）以失察私鹽案遣戍新疆。清嘉慶二年（1797）釋歸，授徒講學至終。工詩，精書法，撰有《欣愚齋詩集》十六卷。

鉦：古代行軍時用的打擊樂器。考：敲。尋橦：古代百戲節目。交：同「跤」。魚龍曼衍：即魚龍曼延，指古代百戲節目。魚龍和蔓延的合稱，大致是指由人裝扮成珍異動物並表演。大酺：指古代封建帝王爲表示歡慶，特許民間舉行的大宴飲。靡音：形容優美的樂曲。譬：曉諭。楮：紙。淪胥：謂相率淪喪或陷溺之義。策：古代用竹片或木片記事著書，成編的叫策。策勳：猶言記述功勳。緹縈：淳于緹縈，西漢臨淄（今山東淄博市）人，著名醫學家淳于意（倉公）女，文帝時，父爲齊太倉令，因爲人所告下獄，她上書請做官婢以贖父刑。舊時把她作爲封建孝道的榜樣而列爲「二十四孝」之一。曹娥：東漢時會稽郡上虞縣人。相傳其父五月五日迎神，溺死江中，屍骸流失。娥年十四，沿江哭號十七晝夜，投江而死。曹娥亦爲封建孝女。靡：無，沒有。瀛：大海。堧：城郭旁或河邊的空地。禋祀：泛指祭祀。康衢：大路。帝力：神力。闕里：泛指帝王住所。儺：古時臘月驅逐疫鬼的儀式中所戴面具。

《津門迎神歌》作於清嘉慶十五年（1810）。本全篇共四十句，皆用七言，內容十分豐富。不僅記錄了清代天津皇會的情狀，而目印證了天津皇會與漕運的密切關係。既記述皇會的情節，還介紹皇會隊伍鳴鑼敲鼓及雜耍、戲劇、樂曲等民間文藝活動的盛況，以及信眾燒紙跪拜、祈神保祐的虔誠場面和心態。另外詩中還提到了「天后」的來歷，以及天后信仰落地天津的原因，讚頌媽祖拯濟津門航海安全的功勳，譬喻媽祖如漢代孝女淳于緹縈和曹娥救父而死，把仁愛之光普照山河。人們把她稱爲使大海波平浪靜的「恬波

小聖」，在海邊立廟祭祀，表示崇敬等等。本詩對於皇會場面的描繪，可與楊一昆《皇會論》互參。

本詩同載於（同治）《續天津縣志》卷十九「藝文四」。

11、津門雜詠 王韞徽

三月村莊農事忙，忙中一事更難忘。攜兒結伴舟車載，好向娘娘廟進香。

（天津天后，俗稱『娘娘』。三月廟中報賽特盛，鄰境男、婦結伴遠來。）

（摘自同治《續天津縣志》卷十九「藝文四」，民國十七年（1928）補刻本。）

注：王韞徽（1796～1820），字澹音，江蘇婁縣（（今上海市松江）人。幼承家學，爲桐城派名家，長蘆批驗大使楊紹文妻，工詩善畫，著《環青閣詩稿》八卷。

《續天津縣志》刻於清同治九年（1870），此詩當作於咸豐、同治間。本詩以平白如話的語言，描寫了舊時天津周邊農村百姓在天后誕辰時準備進城，到天后宮進香的情形，反映媽祖信仰在天津一帶的影響十分廣泛。

本詩同載於張燾的《津門雜記》卷中。

12、竹枝詞 唐尊恒（芝九）

繁華要算估衣街，宮南宮北市亦佳。
東北門邊都是水，晴天也合著釘鞋。

（摘自張燾：《津門雜記》卷下，清光緒十年（1884）刻本。）

注：唐尊恒，字子久，別號菜根仙史。清上海人，博學能詩，善墨蘭，工書，精金石考據。天后宮位於天津城東門外，臨近海河，本詞中描繪了天后宮所在周邊的繁華景象和自然環境。

13、竹枝祠十二首（選一） 梅寶璐

九河天塹近漁陽，三輔津梁著水鄉。
海舶糧艘風浪穩，齊朝天后進神香。

（摘自張燾：《津門雜記》卷下，清光緒十年（1884）刻本。）

注：梅寶璐（1816～1891），字小樹，號羅浮隱士，天津人，天津詩人梅成棟之子，清道光間諸生。幼承家學，著有《聞妙香館詩存》。

本詩爲作者《竹枝詞》十二首之第二首。按：清代自道光六年（1826）起試行漕糧海運，故此詩亦當作於道、咸間。本詩前兩句描寫天津作爲「水

鄉」獨特的自然環境，後兩句則反映天后一路護祐漕運物資抵津，天后宮香火旺盛的場景。

14、天后宮　華鐸孫

飛翻海上著朱衣，天后加封古所稀。
六百年來垂廟饗，海津元代祀天妃。

（摘自華鐸孫撰：《津門記略》卷七「翰墨門」。）

注：華鐸孫（1852～1905），字聽橋，清天津人，光鼐子。候選縣丞。其師陳塏官廣東，鐸孫入其幕中，客遊十載，度嶺者三，故又別署「羊城舊客」。

本詩前兩句介紹天后的功績和地位，後兩句介紹媽祖信仰在天津傳播的悠久歷史。

（二）北京市

仲夏朔，奉命偕三弟詣綺春園惠濟祠、河神廟拈香，並賜遊覽恭紀《三首》

道光皇帝

一

稽古嚴祈報，珠宮輪奐新。懷柔先務本，妥祐協崇禋。
加號咸欽聖，凝庥更賴神。安瀾利千祺，下濟溥吾民。

二

別有仙源好，舟移曲折通。天光涵上下，峰影辨西東。
野鳥鳴芳樹，幽花燦碧叢。層樓臨綠水，都入畫圖中。

三

繫舟芳草岸，散步綠陰清。夏景天中啓，詩篇雨後成。
紅榴當檻爛，碧藻映波平。指點武陵路，蒼茫淡靄橫。

（摘自李鴻章修，黃彭年等纂：（同治）《畿輔通志》卷十一「帝制紀十一・宸章四」，清光緒十年（1884）刻本。）

注：第一首詩中對天后神靈作爲「護國保民」的崇高地位和作用，給與高度評價和由衷讚美。

（三）河北省

蠶沙口天妃宮詩　史璿

年年三月賽天妃，曬網新從海上歸。

阿姑拈香郎酹酒，風波無恙水田肥。

（摘自楊文鼎修，王大本等纂：（光緒）《灤州志》卷八「封域上·山水」，清光緒二十四年（1898）刻本。）

注：蠶沙口天妃宮坐落於河北省唐山市曹妃甸區柳贊鎮蠶沙口村西，位居沂河入海口以南。沂河北連灤河，瀕臨渤海，爲古代漕運入京東、遼西的必經之地，既是避風良港，又是河海轉運碼頭。該天妃宮坐北朝南，據傳始建於元代，爲福建商人所建，曾歷經明永樂、清乾隆年間和民國二十年（1931）三次擴建修葺，原宮廟現已不存。

蠶沙口天妃宮曾經受到往來船工和漁民的虔誠供奉，香火旺盛，每年農曆三月二十三日舉辦的廟會，規模盛大，古戲樓上好戲連臺，天妃宮裏香火繚繞。本詩中反映了渤海灣一帶漁民崇奉天妃，焚香斟酒，對魚蝦豐收、生活平安的期望和渴求。

游智開修，史夢蘭纂：（光緒）《永平府志》卷三十九「壇廟祠宇下·天妃宮」，清光緒五年（1879）敬勝書院刻本；袁棻修，張鳳翔、劉祖培纂：（民國）《灤縣志》卷二「地理志·河流」，民國二十六年（1937）鉛印本。兩志書也同載此文。

（四）山東省

1、石島天后宮　鹿林松

海上漁人舟一葉，颯然蓑笠滿身輕。

潮來不怕風濤險，撒網蛟龍脊上行。

鹿林松，字木公，號雪樵，山東福山（今煙臺福山區）人，諸生，有《雪樵詩集》。

石島天后宮　呂肇齡

孤島滄洲外，蒼茫水拍天。空樓浮蜃氣，碎石繫漁船。

蠻逐日中市，牛耕屋上田。回看路家堡，山勢小如拳。

呂肇齡，山東文登人，歲貢，清乾隆年間（1736～1795）著名詩人。

注：石島天后宮位於山東榮成石島市區，始建於清代乾隆十六年（1751年），由山西省洪洞縣商人王一德創建。兩首詩均據山東石島天后宮西牆壁刻。時間不詳，當在清乾隆十六年（1751）後。兩首詩中分別讚美了清代石島一帶人民海事繁華的場景。

2、詠蓬萊閣天后宮　陳葆光

直上蓬萊閣，人間第一樓。雲山千里目，海島四時秋。

注：本詩題目爲筆者所加。作者陳葆光在清乾隆間曾經擔任登州府知府，詩中由衷贊美了蓬萊閣天后宮的壯觀景色。

四、民　國

（一）天津

1、析津竹枝詞　胡宗楙

其二

迎神奏曲海波澂，香篆氤氳寶鼎騰；最是上元時節好，大家齊看賽春燈。

上元節，天后宮燈市甚盛，齊集焚香。

（摘自《夢選樓詩抄》卷上，稿本。）

注：胡宗楙（(1868～？)，清末民初人，原籍浙江永康，清光緒二十九年（1903）舉人，曾官直隸州知州。入民國後，一度出任河南中國銀行行長。其後即長期寓居天津，從事著書和刻書活動。曾將所鐫《續金華叢書》諸槧，悉以葦贈浙江圖書館。而其在天津所築頤園藏書，則悉捐贈給天津崇化學會。

從臘月裏「年年在此」的年貨攤，到燈節三天、正月十六走百病，天后宮及宮南宮北大街，一歲又一歲，承載著天津衛辭舊迎新的喜慶。

2、舊曆過年諧詩十章　味農

政客過年，禮冠公服氣堂堂，小片紛飛祝賀忙，兒女無知偏質問，過年底事有陰陽。

富戶過年，高燒絳燭畫堂中，兒女團圞學鞠躬，更喜錦屏春富貴，萬年青襯牡丹紅。

娘娘宮過年，蠟燭高燒似火山，香煙飄渺五雲間，紅男綠女瘋癲甚，不墜金釵便墜環。

店家過年，索欠條兒雪片飛，算珠徹夜響如雷，沿街來往人梭織，除夕燈籠元旦歸。

貧戶過年，囊無阿堵口無糧，爆竹聲聲聽隔牆，來世投生須著意，燒香先拜轉輪王。

樂戶過年，安排糕果列妝樓，金字招牌結綵球，忙煞一班嬌姊妹，電燈光下搶梳頭。

災民過年，窩蓬團集小如舟，賑濟衣裳也當綢，白麵一升香一炷，謝天謝地謝橫流。

車夫過年，兩腿如飛跑不停，老爺大少搶頭迎，祇期銅子多多善，哪管三更又五更。

益智□過年，喧天鑼鼓鬧新春，益智欄刊版暫停，八日爲期同獻歲，椒花盈架酒盈樽。

投稿記者過年，筆墨生涯大可憐，枯腸搜索又週年，明朝人說逢元旦，讓我消閒過五天。

（摘自《益世報》1918 年 2 月 26 日第十版）

注：詩中有關章節生動描寫了天后宮春節期間香客如織，香火旺盛的場景。

3、津門竹枝詞 谷僧

……英烈天妃別有宮，燒香元日入花叢。須知北地標新異，裝飾看來一色紅。

（天后宮俗稱娘娘宮，每逢陰曆新正，遊人如織，尤以妓女爲多，北妓至新年，衣褲一切均紅色）……。

（摘自《益世報》1920 年 5 月 17 日第十三版）

注：舊時除農曆正月初一、十五外，每到臘月大年三十夜裏，便是妓女到天后宮上香的日子，而且在時間上要求在天明前必須離開天后宮，在穿著上也要求二三等妓院的妓女，要穿上紅襖褲，蹬上紅繡鞋，套上紅裙子，披上紅斗篷，圍上紅圍脖，別上紅絨花，渾身上下用紅顏色裝飾一新，有文人戲稱之爲「滿堂紅」。

4、舊新年雜詠 吟花

出門先走喜神方，元旦須燒星宿香。試向娘娘宮畔過，滿爐煙火耀祥光。

萬家炮竹各齊來，遍換桃符笑面開。路上逢人無別語，一聲恭喜一聲財。

華服鮮衣體態妍，高車駟馬過街前。風頭出盡無多日，盡是空揮浪費錢。

新年賭博本通行，滿耳呼盧喝稚聲。撲克如今方罷手，連宵牌九決輸贏。

羅列三牲酒滿樽，家家戶戶接財神。孰知款待都無效，不獨人貧國亦貧。

人人競說過新年，唯我埋頭手一編。遊戲詩成堪引笑，也能值得幾文錢。

（摘自《益世報》1922 年 2 月 4 日第十四版）

注：到天后宮進香，已經成爲成爲天津民眾過年期間從事重要的民俗活動之一。本詩開宗明義，直接反映了這一場景。

5、天津皇會諧詠　閒閒

天津皇會太馳名，鼎盛時期是滿清。二十年來收拾起，只緣中國未昇平。

往事今朝忽又提，令人看看老東西。三天大會（十六、十七、十八共三天）都歡喜，誰管迎神是信迷。

皇會由來樣色全，中幡跨鼓最當先。一場熱鬧錢多少，善士他偏樂助捐。

娘娘送後接娘娘，（十六送駕，十八接駕）擡去擡來轎是黃。此物君看何處闊，首伸一指屬通綱，（鹽商所制之黃轎，名曰『通綱黃轎』）

攢成人海與人山，反恨街衢闊未寬。擠破肚皮都不管，腳跟提起舉頭看。

（摘自《益世報》1924 年 4 月 22 日第十三版）

注：本詩簡明介紹有關皇會歷史、花會組成、會期、觀會場景、經費來源等方面的情況。

6、馮文洵：《丙寅天津竹枝詞》不分卷，民國二十三年（1934）鉛印本。

稱體衣裁一色紅，滿頭花插顫綾絨。

手提新買金魚缽，知是來從天后宮。

（天后宮即娘娘宮，元旦日小家婦女或妓女，都要前往天后宮燒香祈福，衣服多著紅色。）

注：馮文洵（1880～1934），字問田，祖籍天津，生於直隸涿州（今河北涿縣）。北京警官學校畢業，後在四川成都從事警務工作，1913 年離職返故里。1915 年赴黑龍江，任泰來、海倫等縣縣長多年。後回天津居住，一度出任河北省北運河河務局長等。能詩善畫，有《紫蕭聲館詩存》、《丙寅天津竹枝詞》等，是城南詩社主要成員，對天津的民俗文化及飲食文化頗有研究。其中撰

於民國二十五年（1926）的《丙寅天津竹枝詞》，就保存許多天津近現代社會生活的內容。

本詩描寫天津天后宮廟會購物歸來之樂趣。天后宮對天津民眾早期服飾的影響，主要體現在婦女服飾的色彩習俗上。天津民間歷來重視、喜好紅色。紅色代表喜慶、吉祥、火爆、熱烈、激情。而天津早期婦女服飾的色彩，表現得尤爲鮮明，具有獨特的地域性。紅色是昔日天津女子辦喜事或年節時服飾顏色的主流。而婦女春節時喜穿紅色服飾，更是色彩心理在服飾上的強烈表現。既反映天津人崇尚熱烈的性格和喜歡熱鬧的傳統心理，又反映天津婦女服飾色彩的歷史傳承。

早年天津婦女之所以單獨青睞紅色服飾，概因虔誠祭祀天后娘娘，受天后娘娘服飾色彩影響的結果。據傳，天后娘娘少時爲一「紅色女子」，成爲護海女神后，仍「衣朱衣飛翻海上」，救助遇險船舶。而欽敬她的婦女們念其功德，出於仰慕，也愛屋及烏，以天后的服飾色彩，審美情趣逐漸發生變化。天后愛穿紅色服飾的習慣傳至天津，天津雖與天后誕生地數千里之遙，但因天津初民多爲與天后相同的漢族，又多漁民和鹽民，所以無論從民族還是職業上，都極易接受天后的審美觀念。久之，天津女子節慶時喜穿一身紅裝即成習尚。「滿街紅」，即此詩中所寫「一身紅」的典型裝扮，也被稱爲「媽祖裝」，是天津婦女崇拜媽祖的最直接體現。大街小巷，到處是身穿紅衣、頭戴絨花的婦女，看人們手裏的金魚缸，「知是來從天后宮」。此詩場景雖然不在天后宮，卻將天后宮與新春購買金魚的習俗鎖得更緊了。

天津女子愛穿紅衣裳，已經融入天津的地域文化，並成爲普遍的民俗心理，因此，爲各階層女子所認同和接受，已無尊卑、貴賤、雅俗之分。

年年燈鬧上元春，曼衍魚龍百戲陳。
昨向估衣街上過，一輪皓月照行人。

（元宵節，估衣街及宮南北商家例辦燈彩，或耍龍燈，或敲鑼鼓。本年獨無。）

臘鼓咚咚聒市闤，攤床年貨積如山。
肩摩轂擊生涯好，宮南宮北北大關。

（每值臘月，宮南北及北大關一帶店鋪門前隙地，有小本商販設擺攤床，售賣香燭紙錁，及過年應用之用品、食品，均謂之年貨。）

中幡挎鼓鬧街前，皇會重興已不全。
粉飾太平財力盡，爭豪鬥勝遜當年。

（天津皇會年例三月間舉辦，有中幡、跨鼓、擡閣、高蹺、鶴齡、獅子、槓箱等會，末有五架輦。所奉即天后宮之娘娘，辦會者窮奢極侈，看會者舉國若狂。亦有沿街起搭看棚，珠簾半掩，夜闌始散，眞盛會也！民十二尚勉強興辦一次，較前清時弗如遠甚。）

家供張仙子是求，娘娘廟裏又來偷。
逡巡殿角知新婦，欲繫紅繩尚覺羞。

（求子者在家供張仙爺，在廟中拴娃娃者，得子後，還娃娃九十九個。）

痘哥花姐本虛無，仁術仍推厲二姑。
保赤自從設公局，救人勝造萬浮屠。

（從前小兒多患天花，治癒之後，其母輒至娘娘廟還花。傳娘娘之男女俗呼爲痘哥哥、花姐姐。城內南大水溝厲二姑善治痘疹。又同治年間，本城紳士在鼓樓南創立保赤牛痘公局，引種牛痘不取分文，每年種花幼童數以萬計，誠善舉也。）

道別眞君與火君，眞君茹素火君葷。
天妃宮裏遊人散，笛管笙簫響遏雲。

（道教分眞君、火君兩派。眞君道茹素，不薙髮，無家眷；火君道則反是。天后宮之道人即火君道，工音樂。天妃宮即天后宮，泰定三年作天妃宮於海津鎭，蓋有廟之始也。）

日曆官場改用新，東郊不復祀芒神。
一般春柳晨餐薦，始識今朝正立春。

（雞蛋攤成薄皮，切成絲，以春韭拌而食之，爲春柳，立春食之）

（摘自馮文洵：《丙寅天津竹枝詞》不分卷，民國二十三年（1934）鉛印本。）

注：祭芒神是中國傳統的歲時習俗之一，意在勸農耕作，不誤農時。所謂「芒神」，即春神。春天爲四季之首，舊時從皇帝到地方官府，乃至貧民百姓，無不重視這一歲街，都要舉行隆重的儀式。立春前一天，天津府縣以下官員，皆身穿朝服，冠帶齊整，以鼓樂爲前導，打著全幅儀仗，到東門外天后宮舉行祭祀芒神的儀式。如本詞中所言，在天津自二十世紀二十年代就已

經停止了祭祀芒神的活動。

許多竹枝詞後大都有小注，既可加深對詩的理解，也是對詩的補充。《丙寅天津竹枝詞》初撰於 1926 年，1934 年鉛印行世。全書錄竹枝詞 300 首。本詩副題爲「記民國十二年皇會」，但據有關專家考證，應爲民國十三年（1924）皇會，而民國十二年（1923）沒有奉行皇會。因其詩乃是三年後的民國丙寅年（1926）之追憶，故時間偶有失誤。

清末天津城市規模逐漸擴大，城市文化迅速積纍，成爲引領北方風氣之先的商業都會。民國以後，更進一步擴大和豐富了這種文化走勢。1926 年馮文詢的《丙寅天津竹枝詞》，以文學的筆法，描述了民國時期天津城市娛樂、休閒、民俗、風習等市民文化，表現出特定歷史時期天津市民的社會風尚和生活情趣。天津群眾性娛樂發軔於傳統的廟會，最出名的就是天后宮的「皇會」。馮文詢在竹枝詞中曾經對 1924 年的皇會作了描述。

7、詠皇會之高蹺（二首） 雨文

一

袍帶衣冠裝飾新，廬山面目已非眞。
高人一等何須傲，落地依然故我身。

二

閣閣聲同高底鞋，臨風婀娜過前街。
偶然小憩牆頭坐，疑是誰家廣告牌。

（摘自《北洋畫報》民國二十五年（1936）4 月 9 日）

注：本詩吟詠天津天后宮媽祖廟會——皇會上的踩高蹺民俗活動。詩前有原跋云:「日前皇會之高蹺表演於天后宮前，表演人所著衣冠，均煥然一新，居高臨下，有翕然自得之概。因賦打油詩兩首」。

雨文，係筆名，眞名不詳。

8、陳國楨、陳國柱著，陳漢平編校：《碧血丹心集》，上海：學林出版社 1993 年 7 月出版。

天津天后宮 陳國柱

一

廟貌巍峨沽水湄，崇隆祀典冠當時。

鄉人此日鬧瞻謁，爲問神靈知未知？

二

人間那會有神仙，意識純從經濟遷。

綠女紅男齊下拜，神仙不拜拜金錢。

三

千秋聚訟說紛煩，巫女傳奇仔細論。

附會從來憑勢力，天妃家世混淵源。

四

敵騎縱橫濼水濆，伊誰苦海渡慈雲。

世間果有神仙在，忍看河山漫寇氛。

（載《沽上詠稿》）

注：陳國柱（1898～1969），字繼周，後更名廖華，福建莆田人。1917 年開始參加孫中山所屬的護國軍，從此走上革命道路。爲中共福建省地方組織早期創始人之一。1949 年後，任福建省教育廳副廳長、國務院參事等。

本組詩收入《沽上詠稿》，編於 1933 年，近年收入《碧血丹心集》正式出版。

第七章　其他類文獻的媽祖史料

在媽祖信仰產生、發展的歷史進程中，私家著述類媽祖史料相比官方文獻，在數量、形式和內容上都更加豐富。私家著述的種類主要包括雜史、筆記、文集、小說等，特點主要是史實與傳說相結合，內容多樣，體裁豐富。這類媽祖史料自身具有重要的價值，既是對傳統媽祖史料的重要補充，又可以對通過媽祖信仰的記述，體現作者的獨特觀點和視覺。

一、雜　史

1、《漂海錄》

（明代弘治元年三月）二十四日

過天津衛。是日陰。曉，過直沽城，——河名即沽水也。——至天津衛城。……。溯河過丁字沽、海口裏、河東巡更所、桃花口、尹兒灣、蒲溝兒、下老米店，至楊村驛。……

二十五日

陰。經上老米店、白河裏、南蔡村、北蔡村、王家務、杜口雙淺、蒙村、白廟兒、河西巡檢司，至河西驛。……

二十六日

晴。大風，沙塵漲天，目不能開。順風而行，過要兒渡口、下碼頭、納鈔廳、天妃廟、中馬頭、車榮兒、上碼頭、河西務、土門樓、葉青店、王家擺渡口、魯家塢、攀繒口，至泊蕭家林裏前河之越岸。臣船相對處，有十餘人乘桴（注：過河用的木筏或竹筏），——架屋桴上，——亦來泊。有賊人來劫奪，乘桴人亦強健者，相與搏擊。陳萱曰：「盜肆行毆掠若此，其分付你眾各自相警，小心過夜」云云。自天津衛以北，白沙平鋪，一望無際。曠野無草，五穀不生，人煙鮮少，即曹操征烏丸（即「桓」）時，遣其將自滹沱河入潞沙。潞沙即此地也。（摘自葛振家著：《崔溥〈漂海錄〉評注》卷三，北京：線裝書局 2002 年 10 月第 1 版。）

注：崔溥，字淵淵，號錦南，朝鮮全羅道羅州（祖籍耽津）人，朝鮮時代文士。明弘治元年（1488 年），崔溥於閏正月初三因事奉差出外，在海上乘船，不幸遭遇暴風襲擊，偕同船上共 42 人從朝鮮濟州島漂至中國浙江台州府臨海縣地，最初被疑爲倭寇，後經層層審查，排除嫌疑，即受到中國官員和平民的良好接待，遂由浙江東走陸路至杭州，由杭州走水陸，沿運河經揚州、天津等地到北京，再由北京走陸路至鴨綠江，返回朝鮮，在中國逗留共計 135 日。回國後以漢文寫就這一經歷，呈給國王，爲《漂海錄》。該書涉及明朝弘治初年政治、軍事、經濟、文化、交通以及市井風情等方面的內容，對於研究我國明代海防、政制、司法、運河、城市、地志以及兩國關係等，是爲一部十分具有參考價值的典籍。

本文記載明弘治元年（1488）三月，崔溥在今天津北部一帶活動的自然環境和所見所聞。其中一些地名如白廟（兒）、丁字沽、河西務、南蔡村、北蔡村等，如今仍然在使用，另一些則早已經消失。文中所指「天妃廟」，如今雖然難以確定準確方位，但從中至少可以瞭解在當地曾經建有媽祖廟，迄今類似記載在其它文獻中尚未發現，因此文中內容對於研究媽祖信仰在天津一帶的傳播，具有十分重要的參考價值。

2、《七修類稿》

天妃，莆田林氏都巡君之季女，幼契玄理，預知禍福，在室三十年。宋元祐間，遂有顯應，立祠於州里。至至元中，顯聖於海，護海運。萬戶馬合法忽魯循等奏立廟，號「天妃」，賜太牢。洪武初，海運風作，漂泊糧米數百萬石於落漈（落漈：言水往不可回處），萬人號泣，待死矣，大叫天妃，則風回舟轉，遂濟直沽。而後，又封「昭應德正靈應孚濟聖妃娘娘」之號。自後海舟顯聖不一，四方受恩之人遂各立廟，故今在處有之也。特述其耳目所知者一二：吾杭永樂中百戶郭保，海運遭風，一旦晝如夕者似三晝夜矣。舟人泣天，許以立廟，頃刻遂見天日。成化間，吾杭給事中陳詢，欽命往日本國，至大洋，風雨大作，舟將覆矣。陳禱天曰：「予命已矣，如君命何？」遠見二紅燈自天而下，若有人言曰：「救人不救船」。則燈至舟上，有漁舟數隻飄泊而至，遂得渡。登山即語曰：「吾輩爲天妃所遣，此山自某地去，可幾日至廣東也。但多蛇難行，今與爾盒藥，敷足則無害矣」。已而果然。復入京領敕又行，下舟時夢天妃曰：「賜爾木，此回當刻我像，保去無虞也」。明日有大木浮水而來，舟人取之，乃沉香，至今刻像於家。嘉靖甲午，朝命給事中四明陳侃封琉球。開舟明日，颶風大作，舵折，舟將覆矣。舉船大呼天妃。但見火光燭船，船即少寧。明日，有粉蝶繞舟飛不去，黃雀立舵食米，食盡。頃刻風又作，舟行如飛，徹曉至閩，午後入定海也。神實不可掩也。（郎瑛《七修類稿》卷五十「奇謔類・天妃顯應」，《續修四庫全書》第 1123 冊「子部・雜家類」，上海：上海古籍出版社 2002 年 3 月第 1 版。）

注：郎瑛（1487～1566）字仁寶，浙江仁和（今杭州市）人，出身於殷實之家，因居草橋門内，故號草橋先生，是明代著名的文學家、史學家。郎瑛一生著述頗豐，《七修類稿》是其最爲重要的一部筆記體著述。該書内容豐富，包羅萬象，考證翔實。

本文中詳載明代洪武初年媽祖救助海上遇險糧船船隊的故事，凸顯媽祖自元至明初仍然具有突出的護漕職能。這一傳説當時在直沽（天津）曾經廣爲傳頌，天妃宮香火由此也更加旺盛。

3、《琅琊代醉篇》

天妃宮，江淮海神多有之。其神爲女子三人，俗稱爲「林靈素三女」。太虛之中，唯天爲大，地次之，故一大爲天，二小爲示，天稱皇，地稱后，海次於地者，宜稱妃耳。其數從三者，因「一大二小」之文，蓋所祀者海神也。元用海運，故其祀爲重，司馬溫公則謂：「水，陰類也，其神當爲女子」。此理或然。或云：「宋宣和中，遣使高麗，挾閩商以往，中流遇風，賴神得免。使者路允迪上其事於朝，始有祀。（丘文莊天妃廟碑）」

倪縚云：「天妃，莆田林氏都巡君之季女，幼契玄理，預知禍福，在室三十年。宋元祐間遂有顯應，立祠於州里。至元中，顯聖於海運，萬戶馬合法、忽魯循等奏立廟，號「天妃」，賜太牢。洪武初，海運風作，飄泊糧米數千萬石於落漈，萬人號泣待死，大叫：「天妃！」則風回舟轉，遂濟直沽。後又封「昭應德正靈應孚濟聖妃」。自海舟之顯聖不一，四方受恩之人各處立廟，享祀無窮。（摘自張鼎思輯：《琅琊代醉篇》卷二十九「天妃」，明萬曆二十五年（1597）陳性學刻本。《四庫全書存目叢書》子 130「子部・雜家類」，濟南：齊魯書社 1997 年 3 月第 1 版。）

注：張鼎思（1543～1603），明河南安陽人，字睿甫，號愼吾。萬曆五年進士。授吏科給事中，官至江西按察使。

這是一則明代洪武初年天妃救助海難，確保在海上遇險的漕糧船隊平安到達直沽（天津）的傳說，當時曾經在天津一帶廣爲傳頌，天津名稱的由來也與此有關，天妃宮香火由此更加鼎盛。文中重新記述這一傳說，不但爲天津媽祖文化發展留下可供參考的歷史文獻，更爲媽祖信仰在天津的傳承進一步加持神力。

4、《續文獻通考》

（元世祖至元十五年，1278）八月，制封泉州神女號「護國明著靈惠協正善慶顯濟天妃」。二十五年（1288），詔加封『南海明著天妃』爲「廣祐明著天妃」。成宗大德三年（1299）二月，加泉州海神曰「護國庇民明著天妃」。泰定帝泰定二年（1325），遣使祀海神天妃，四年（1327），遣使祀海神天妃。文宗天曆二年（1329），又加封天妃爲「護國庇民廣濟福惠明著天妃」，賜廟額「靈慈」，遣使致祭。至順元年（1330），又遣使代祀「護國庇民廣濟福惠明著天妃」，賜廟號曰「靈慈」。順帝至元二年（1336）以海運至京，遣官致祭天妃。（至正）九年（1349），詔加封天妃父「種德積慶侯」，母「育聖顯慶夫人」。十四年（1354），詔加號海神爲「輔國護聖庇民廣濟福惠明著天妃」。

天妃廟在興化府湄川嶼。妃，莆人，宋都巡檢林願之女，洪武、永樂中兩加封號，有司春秋祭之。

（明）英宗正統中，又修遼東天妃廟。（摘自王圻撰：《續文獻通考》卷一百一十「郊社考・雜祠」，萬曆十四年（1586）。參見《續修四庫全書》第 764 冊，「史部・政書類」。）

注：王圻（1530～1615）字元翰，號洪洲，上海人，祖籍江橋（時屬青浦縣）。明嘉靖四十四年（1565）進士，授清江知縣，調萬安知縣，升御史。後以與宰相張居正等相左，黜爲福建金事、邛州判官。張居正去世後，復任

陝西提學使等，授大宗憲。

文中記載元明兩代朝廷以天后「護漕」神迹，不斷授予其神號，納入國家祀典的過程。同時，文中所反映明代正統年間在遼東修建天妃廟的內容，迄今在其他文獻中尚未發現，因此對於研究媽祖信仰在東北一帶的傳播，具有十分重要的參考價值。

5、《群談採餘》

天妃，莆田林氏都巡君之季女。幼契玄理，預知禍福，在室三十年。宋元祐間，遂有顯應，立祠於州里。至元中，顯聖於海運。萬戶馬合法忽魯循等奏立廟，號「天妃」，賜太牢。洪武初，海運風作，飄泊糧米數百萬石於落漈。萬人號泣待死，大叫「天妃」，則風回舟轉，遂濟直沽。後又封「昭應德正靈應孚濟聖妃娘娘」。自海舟之顯聖不一，四方受恩之人各處立廟，享祀無窮。（摘自倪綰輯：《群談採餘》卷五「神仙」，明萬曆二十年（1592）倪思意刻本。見《四庫未收書輯刊》第三輯第 29 冊，北京：北京出版社 1997 年 12 月影印出版。）

注：媽祖信仰最初在中國北方的傳播，主要依託於宋代海上貿易的發達，特別是元代至明初大規模的漕運。本文中的內容在其他文獻中也都有廣泛的記載，表明直沽（天津）正是依靠漕運而發展起來的城市。

6、《海道經》 （明）佚名撰

前元至元二十年克取江南，至元二十一年起運海糧，擢用朱清、張暄萬戶之職，押運糧船三萬五千石，賜立海道萬戶府、千戶所、百戶所，領虎符金牌素銀牌面，各領品職，成造船隻，大者不過一千糧，小者三百石，自劉家港開船，出楊子江，盤轉黃連沙嘴，望西北鉛沙行使。潮長行船，潮落拋泊，約半月或一月餘始至淮口，經過膠州、海門、浮山、牢山、福島等處。沿山一路，東至延眞島，望北行使，轉過成山；望西行使，到九皐島、劉公島、諸高山、劉家窪、登州沙門島，開放萊州大洋，收進界河，兩個月餘，才抵直沽，委實水路艱難，深爲繁重。至元二十六年，增益糧米八十萬石，是歲正月，裝糧在船，二月開洋，四月到於直沽交卸，五月回還，復運夏糧，至八月又回本港。一歲兩運，是時船隻鮮小，人民恐懼。至元二十七年，朱萬戶躬請長興李福四朝奉押運指引，自楊子江開洋，落潮往東北行使，出離長灘，至白水綠水，徑至黑水大洋。望北尋望延眞島，使轉成山正西行，便收入沙門島，開放萊州大洋，收進界河。遠不過一月之程，順不過半月之限，俱至直沽，致以漕運利便。是歲加封朱萬戶爲浙江省參政，張萬戶爲浙江鹽運司都運之職。每歲專從此道，駕使船糧赴北京，將及二十餘年。至大德七年，當蒙官司招顧兩浙上戶，造船運糧，腳價一十一兩五錢，分撥春夏二運。延祐以來，各造海船，大者八、九千糧，小者二千餘石，是以海道富盛，歲運三百六十萬石，供給京師，甚爲易便。迤南番海船皆從此道貢獻，仿傚其路矣。自南至天津衛，各有天妃廟。萬戶馬合法忽魯循、萬戶八十，嘉議奏封「福惠天妃」聖號，敕賜太牢。今我皇明匡服四夷，藩鎭奉朔，大遼歲給饋餉。迨遼海之平，欽封「昭孝德正靈應孚濟聖妃娘娘」聖號，留芳於萬萬年矣。（摘自（明）佚名：《海道經》一卷，見《四庫全書存目叢書》史221「史部・地理類」，濟南：齊魯書社1997年3月出版。）

注：媽祖信仰在元代北傳的路線，與元朝政府大規模漕運的路線是一致的。當時媽祖信仰伴隨漕船從江蘇劉家港出發，沿著海岸線北上。途經山東時，首先在山東沿海的港灣、海口或者島嶼上建立媽祖廟。此後漕船到達直沽（今天津），再由白河運至通州，最終過通惠河到大都（北京）。在此過程中，媽祖信仰逐步在北方沿海一帶登陸，並向廣闊的內地輻射開來。

7、《毛大將軍海上情形》

（上略）蓋天津水程出海二三百里，下多礁石，險於登而難計日。登州府（水城內下船，候潮滿順風，出水城天橋關，要竟行，至廟島，有礁石，不可泊船。於天橋關外教場後一帶，下有礁石，須防颶風）。六十里去廟島（豬羊祭獻，掛袍於天妃娘娘，畢，候風竟往陀磯島，亦用豬羊祭獻，掛袍於天妃娘娘。磯島，娘娘妹妹三人，一在福州，一在廟島，一在陀磯島，皆顯應，必要虔誠祭獻），廟島二百里至陀磯島（天妃娘娘在套裏，如遇大順風，不可泊船，許望島於船上遙祭）。陀磯至皇城島二百里（此二百里間不可放炮及明燈於船艙外，恐驚潛龍也）。（下略）（摘自（清）汪汝淳撰，李尚英校注：《毛大將軍海上情形》（節錄），北京大學圖書館藏本，《清史研究通訊》1990年第2期第48頁。）

注：文中的「毛大將軍」即明末著名將領毛文龍，在明朝與後金努爾哈赤政權的戰爭中，曾經佔據遼東海面上皮島等地，對後金進行襲擾，牽制努

爾哈赤向南的進攻。《毛大將軍海上情形》一文中記載了上述毛文龍的有關活動情況，其中涉及當時明末廟島一帶民間媽祖信仰的狀況。

廟島處於山東半島和遼東半島之間渤海海峽中心偏南的要衝位置，扼守東西南北交通的要塞之處，戰略位置十分重要，因此那裏是媽祖信仰在環渤海地區傳播的第一站。文中談及廟島的自然環境時，曾經動用大量筆墨，介紹當地有關媽祖信仰的習俗，充分説明明末時那裏媽祖信仰的傳播已經十分興盛。

8、《資治通鑒後編》

卷一六六：（元英宗）至治元年五月辛卯，海漕糧至直沽，遣使祀海神天妃。

卷一六八：（元泰定帝）泰定三年八月辛丑，作天妃宮於海津鎮。

卷一七〇：（元文宗）天曆二年十月己亥，加封天妃爲「護國庇民廣濟福惠明著天妃」，賜廟額曰「靈慈」，遣使致祭。

卷一七三：（元順帝）至正十年二月丙戌，詔加封天妃父「種德積慶侯」，母「育聖顯慶夫人」。

卷一七六：（元順帝）至正十四年十月甲辰，詔加號海神爲「輔國護聖庇民廣濟福惠明著天妃」。（摘自徐乾學：《資治通鑒後編》，見《欽定四庫全書》第 345 冊「史部 103・編年類」，上海：上海古籍出版社 1987 年 6 月出版。）

注：徐乾學（1631～1694）清代大臣、學者、藏書家，字原一、幼慧，號健庵、玉峰先生，江蘇崑山人，清康熙九年（1670）進士第三名（探花），授編修，先後擔任日講起居注官、《明史》總裁官、侍講學士、內閣學士，康熙二十六年（1687）升左都御史、刑部尚書。曾經主持編修《明史》、《大清一統志》、《讀禮通考》等，著《憺園文集》、《資治通鑒後編》等。

文中介紹直沽（天津）借助漕運而興，媽祖信仰在那裏廣泛傳播的歷史。同時還記載媽祖依靠其「護漕」的職能，在元代被朝廷納入國家祀典的情況。

9、《五禮通考》

卷四十八：「吉禮四十八・四望山川」

（元至元）十五年（1278）八月，制封泉州神女號「護國明著靈惠協正善慶顯濟天妃」。《祭祀志》：凡名山、大川、忠臣、義士在祀典者，所在有司主之。惟南海女神靈惠夫人，至元中以護海運有奇應，加封「天妃」，神號積至十字，廟曰「靈慈」，直沽、平江、周涇、泉、福、興化等處皆有廟。

《祭祀志》：南海女神靈惠夫人，皇慶以來歲遣使齎香徧祭，金幡一合、銀一鋌，付平江官漕司及本府官，用柔毛酒醴便服行事。祝文云：維　年　月　日皇帝特遣某官等致祭於「護國庇民廣著福惠明著天妃」。《英宗本紀》：至治元年（1321）五月辛卯，海漕糧至直沽，遣使祀海神天妃。三年（1323）二月，海漕糧至直沽，遣使祀海神天妃。《元史·泰定帝本紀》：泰定三年（1326）秋七月甲辰，遣使祀海神天妃。八月辛丑，作天妃宮於海津鎮。四年（1327）秋七月乙丑，遣使祀海神天妃。致和元年（1328）春正月甲申，遣使祀海神天妃。《文宗本紀》：天曆二年（1329）冬十月已亥，加封天妃爲「護國庇民廣濟福惠明著天妃」，賜廟額曰「靈慈」，遣使致祭。十一月戊午，遣使代祀天妃。《元史·順帝本紀》：（至正）十四年（1354）冬十月，詔加海神爲「輔國護聖庇民廣濟福惠明著天妃」。（摘自秦蕙田：《五禮通考》卷四十八「吉禮四十八·四望山川」。見（《四庫全書》第136冊「經部130·禮類」。）

注：秦蕙田，字樹峰，金匱（今江蘇無錫）人。清乾隆元年（1736）進士，官至刑部尚書，謚文恭。

本書是研究我國古代禮制沿革的重要著作。凡所闡述，均上起先秦，下迄明代，旁徵博引，考辨精當。文中對元代媽祖信仰在以天津（直沽）爲中心的環渤海地區的傳播過程，進行詳細的介紹。與《元史》中的有關記載進行比較，可以看出這些記載更爲翔實，是對正史的重要補充。

二、文　集

1、《道園學古錄》

送祠天妃兩使者序　虞集

世祖皇帝歲運江南粟以實京師，漕渠孔艱，吳人有獻策航海道便以疾，久之，人益得善道。於今五十年，運積至數百萬石以爲常。京師官府眾多，吏民遊食者至不可算數，而食有餘、賈常平者，海運之力也。天曆二年，漕吏或自用，不聽舟師言，趣發違風信，舟出洋已有告敗者。及達京師，會不至者蓋七十萬。天子憫之，覆溺者家，至載之明詔。廷臣恐懼，思所以答上意。或曰：「有神曰天妃，廟食海上，舟師委輸，吏必禱焉，有奇應。將祀事，有弗虔者與？宜往祠」。有敕：翰林直學士布尼雅錫哩、藝文太監宋本其行。嗚呼！二公能導上意，致誠敬，已事而竣，周覽其形勢風俗，而觀其政治之得失，亦有可言者乎？往年某嘗適吳，見大吏發海運，問諸吳人，則有告者曰：「富家大舟受粟多，得傭直甚厚，半實以私貨，取利尤夥，器壯而人敏，常善達。有不願者，若中產之家，輒賄吏求免，宛轉期迫，輒執畸貧，而使之舟惡，吏人朘其傭直，工徒用器食，卒取具授粟，必在險遠，又不得善粟，其舟出輒敗，蓋其罪有所在矣」。今日之事此其一端乎！近歲大農以乏用告，會議廷中，各陳裕財之說，有獻議曰：「國家方取江南，用兵資糧悉出於中原，而民力不至乏絕，及盡得宋地，貢賦與凡貨財之供，日輸月運，無有窮已，而國計弗裕者，上不節用而下多惰農故也。且京師之東，萑葦之澤，濱海而南者廣袤相乘可千數百里，潮淤肥沃，實甚宜稻，用浙閩堤圩之法，則皆良田也。宜使清疆有智術之吏稍寬假之，量給牛種、農具，召募耕者而素部分之，期成功而後稅，因重其吏秩以爲之長，又可收遊惰，弭盜賊，而強實畿甸之東鄙，如此則其便宜又不止如海運者，奈何獨使東南之人竭力以耕，盡地而取，而使之歲蹈不測之淵於無窮乎？」時宰以爲迂而止。宋公家京師，既首廷對，未嘗一日去朝廷，歷丞相御史府爲名法從參預國事，而學士嘗以使指出南詔西南，降蠻夷部落所謂大小徹里者方數千里，引其酋長入見才與其從者數十人，俱無一兵一財之費。二公之重且賢如此，旨意其有所在乎？不然，禱祠之官豈無其人而以屬之二公乎？故同朝皆爲之賦詩而某爲之序。（摘自（元）虞集：《道園學古錄》卷六，見《欽定四庫全書》第 1207 冊「集部 146‧別集類」，上海：上海古籍出版社 1987 年 6 月第 1 版。）

注：虞集（1272～1348）元代著名學者、詩人。字伯生，號道園，人稱邵庵先生。少受家學，嘗從吳澄遊。成宗大德初，以薦授大都路儒學教授，歷國子助教、博士。仁宗時，遷集賢修撰，除翰林待制。文宗即位，累除奎章閣侍書學士。領修《經世大典》，著有《道園學古錄》、《道園遺稿》。其中《道園學古錄》是研究元代中後期政治、經濟、文化史的一部重要文集，保存大量有價值的碑、銘、墓誌、行狀、傳、記、序、題跋、制詔等史料，內容十分豐富。

元朝政府爲祈求天妃對漕運路線的庇祐，前後共七次加封天妃神號，本文是其中第四次，即元文宗天曆二年（1329）敕令大祭天下十五廟的情況。元朝政府爲保證京師糧食和物資供應，實行大規模的漕運。但由於漕運路線自然環境惡劣，兇險難測，至天曆二年（1329）時海運糧食的規模，已達一百四十萬九千餘石，而損失也高達七十萬石。爲維護經濟命脈的暢通，元文宗天曆二年（1329）敕令大祭天下十五廟，朝廷派遣集賢直學士兼國子祭酒經筵官的宋本等二人作爲「天使」，專程奉詔南下，致祀天妃。致祭路線是逆著漕運路線，自北而南，從漕運終點直沽（天津）起，至漕運出海口泉州。致祭地點有淮安、崑山、杭州等。朝廷關心海運糧的安全，而虞集則痛心於運夫的生死，指出海運的風險性與運夫生命的沒有保障，並比較國家取江南前後財賦收入與使用的情況，指明中原生產不足與消費過多是財富乏絕的根本原因，因此他再次提出發展西北水利，以便更有效地解決大都的糧食供應。由於種種原因，他的主張最終未能實現。

2、《古微堂外集》

……又遣道府丞倅先齎案冊及經費十餘萬由陸赴北，與直隸執事官各設局天津，而欽差理藩院尚書臣穆彰阿爲驗米大臣，會同倉場侍郎駐天津，與直隸督臣共籌收兌事宜。於是南北並舉，綱挈目張。至於誓水師壯聲勢以聯絡其間者，則江南提督、蘇松鎮、狼山鎮總兵，自吳淞會哨至鶯遊門，山東登萊鎮總兵自鶯遊門會哨至廟島，直隸天津鎮總兵自廟島會哨至直沽口。章程既定，明年正月，撫臣親蒞海上，部先後，申號令，各州縣剝運之米，魚貫而至，鱗次而兌，浹旬得百三十餘萬，爲首運，餘三十餘萬歸次運。告祭風神、海神、天后，集長年三老，犒酒食銀牌而遣之。萬艘讙噂，江澄海明，旌旂飆動，鼉龍踴躍。由崇明十滧而東，繞出千里長沙，逾旬畢至天津。回空再運，訖五月而兩運皆竣，勺粒無損。視河運之粟瑩潔過倍，津、通之人覯未曾有，先後詔獎任事各臣有差。是役也，其優於元代海運者有三因：曰因海用海，因商用商，因舟用舟。蓋承二百載海禁大開，水程之險易，風汛之遲速，駕駛之趨避，愈歷愈熟，行所無事。知北洋不患深而患淺，故用平底沙船以適之；知海船不畏浪而畏礁，故直放大洋以避之；風颶險於秋冬，平於春夏，故乘東南風令以行之。因利乘便，事半功百，而元代所未有也。其優於河運者有四利：利國，利民，利官，利商。蓋河運有剝淺費、過閘費、過淮費、屯官費、催□費、倉胥費，故上既出百餘萬漕項以治其公，下復出百餘萬幫費以治其私。茲則不由內地，不經層飽，故運米百六十餘萬而費止百四十萬金，用公則私可大裁，用私則公可全省，實用實銷，三省其二，而河運所未有也。其行之也則有三要：曰招商雇舟，曰在南兌米，曰在北交米。其招商雇舟如之何？曰：沙船載米自五百石以上二千石以下，計四府一州之粟，需船千五百六十有二號，石給値銀四錢，每船賽神銀四兩，犒賞三兩，天津挖泥壓空錢一千，每百石墊艙蘆席銀一兩三四錢有差。每米一石，白糧給耗一斗，糙糧給耗八升，每船載貨二分，免其稅。凡受雇之船，限十一月集上海候兌，過遲者罰，是爲運之始要。其在南兌米如之何？曰：沙船齊泊黃浦江，按各縣先至之糧，以次派之，某船即給某縣之旗以爲號。各縣剝運至，則監兌官率船商以鐵斛較其斛，驗米官呈米糧道以驗其米。仿河運之例，船各封樣米一斗，令呈天津以驗其符合，復截給三聯執照，一存局，一給船戶，一移天津收米官，以稽其眞僞，隨兌隨放。至崇明十滧，候東南風齊進。是爲運之中要。其在北交米如之何？曰：沙船至天津口，由直沽河溯流百八十里，才挽而至天津東門停泊待驗。如在洋遇風，斫桅松艙者，依漕船失風例奏請豁免，其他故缺壞者以耗米補之，再不足者責其償，其領運萬石以上者賞以級。到津驗米後，兌交剝船，即與沙船無涉。其餘米收買貨物免稅，仍給三聯執照如上海之例。是爲運之終要。此皆本年試行海運之已事也。如將復行垂永制，則如之何？曰：尙宜籌盡善者，亦有三焉：創行之始，商情觀望，願載貨而不盡載米。及交卸速而受直厚，知載米利贏於載貨，則宜一運以畢，無煩再運而一要無餘憾矣。止上海牙人赴北之行，定商艘到津停泊之界，稽山東各島逗留以免滯買，天津挖泥官地以防爭纖，令自雇以免勒索，旂繳再用以省糜費，則次要無遺憾矣。其由津運通之剝船二千，中途難免侵耗，宜令通倉各胥，於天津收米具結後，即令押剝運通，再有損濕，惟各胥是問，則三要無遺憾矣。至於法久弊生，因時制變，則神而明之存乎其人。（摘自（清）魏源撰：《古微堂外集》卷七「道光丙戌海運記」，清光緒四年（1878）淮南書局刻本。）

注：魏源（1794～1857），字默深，又作墨生、漢士。湖南邵陽人。道光二年（1822）即中舉人，會試落第，捐納內閣中書，入陶澍幕。道光二十五年（1845）成進士，官至高郵知州。晚年棄官，潛心著述，有《古微堂詩文集》。

本篇作於清道光六年（1826），作者時在陶澍幕府，力佐此次試行海運。總結清海運優於元海運者「三因」，亦頗有見地。

三、小　說

十一少爺過大年

……。十一少爺忙把幫賬的趙先生叫過來，命他作下手兒幫著，自己不動地方，原座坐穩。把牌洗好、碼齊、開門，候著眾人押好注，打骰、送牌。這一局，卻和九少爺不同，贏多輸少。及自十方推完，除去六十弔的本錢，尚贏著二百多弔，隨把賬房先生叫過來，和他分賬。賬房先生拿著水牌和筆來，指著水牌子笑道：「看見了麼，五十弔錢記在水牌下啦。你淨還五十弔，下餘全是你的」。十一少爺不肯，先把五十弔還清，贏的錢一百弔入腰，一百弔分紅，下餘的錢分給眾人吃喜兒。

言時已屆生大紙的時候，所有本宅的人都到後邊隨著黃三大王（即十一少爺的父親。筆者注），行禮如儀。升完大紙，大家分散。有的到自己房中睡覺，有的到天后宮中看妓女燒香，十一少爺仍到賬房裏湊賭。這時九少爺早在賬房裏等候。見眾人到來，由腰裏取出一卷錢帖子往桌上一拍道：「你們押罷，我先來二百弔錢的」。大家見了，一齊高興，鬨然圍在桌上。這次九少爺手氣大轉，不似上次有輸無贏。一方一方的推下去，不到兩個時辰，被他贏了二百多弔。十一少爺贏的幾個錢重新都輸出去了，再找賬房先生去借，賬房先生不知什麼時候回家過年去了。幫帳亦不知去向，只得作罷。愈是輸錢的人愈不肯走，磨到天亮，拖了許多饑荒，累得人困馬乏，自己溜到套間裏吸煙去了。過足癮，順手拉一條棉被蓋上，合眼便睡，任是天上兩響接連不絕，都不曾驚醒他的春夢。睡到正午開飯的時候，方被茶房喚醒。到飯廳裏胡亂吃些素餃子，便走出來。閒著無聊，候著幫帳的回來，向他借了幾十弔錢，掖在懷裏，出得大門，信步閒遊，一路在鞭炮聲中向東走著。路上行人稀少，只有些商店裏學徒們穿著新袍罩、新馬褂、新鞋、新帽，腋下夾著護書，到各處拜年。在街上遇見，彼此作個揖，道不盡的恭喜發財。兩旁住戶多半閉著街門，門樓上幾張大紅掛錢迎風飄舞，相趁著簇新的春聯，卻亦鮮紅悅目。有些錫鋪、銅鋪、顏料鋪上著門板，在裏邊敲著水斗的鑼鼓，鏗鏘鏗鏘地吵人。想是昨夜通宵未眠，今日又吃些酒，手腕子有些不服調度，敲出來的傢夥點渾不齊整，或者是輕易不打，手頭生疏所致，亦未可知。但是那些大鋪面，如藥鋪、廣貨鋪，卻與那些家不同，一般都敲著很有紀律的法鼓，一套一套地，不愧法曲仙音。十一少爺無心賞識，只顧往前走著，不覺出了針市街東口，在北門外轉了一遭，各家鋪面關門閉戶，異常冷靜，只仗著一堆堆賣燈的點綴市面。十一少爺只顧東張西望，卻聽得有人喊著：「買燈麼，大魚燈啊！拿家裏鬨少爺去！吉慶有餘，年年賺」。更有人把小車燈在地上推來推去，格登登亂響，遠遠地喊叫著：「香乾子啊火灼（燒），敬財神的熟雞子兒」。那種聲音渾不清脆，聽著反惹人感覺一種不快。尤其是賣豌豆糕的，把湯鑼敲得山響，只聽得「搶」「搶」地聲音，卻聽不見有人喊他們來買。其實在這方圓半里地內並沒有小孩兒，他卻不顧一切，敲著鑼走著。十一少爺信步走進估衣街口，鼓鑼喧鬧，更覺熱鬧。許多小轎子由東往西飛跑，一般都打起轎簾，露出裏邊一個個通身是紅、花枝招展的妓女們。想是金華茶園一帶班子裏的，天后宮燒香歸來，回班子裏去，一般都有夥計在轎後跟著飛跑。十一少爺迎著她們望著，只向前走，卻不見由背後往東去的。正自走著望著，目不暇給，猛聽一個人道：「喝！十一爺，這兒溜噠來啦！」擡頭看時，認得是東門裏一家親戚陸玉儂，便問他作什麼去。陸玉儂道：「我剛打娘娘宮來。你沒看見我買毽兒來了麼？」，便將手揚起，舉給他看。十一少爺道：「你準是去買毽兒去麼？別是去看燒香的去啦罷？」玉儂笑道：「你好聖明，大初一價，不爲看燒香的，大老遠的跑趟娘娘宮作麼？多冷的天兒，屋裏坐會兒比嘛不強，單得上那兒挨凍去？」十一少爺道：「你這是上那兒去？不進城麼？你要不忙，咱再來一趟」。玉儂道：「得啦！夠受的啦！這時幾時啦？」說時望著天上道：「太陽都大平夕啦，燒香的全回家啦！你沒看見小轎子盡往西灌，沒有往東去的麼？」十一少爺道：「要不咱上金華茶園聽落子去？」（「落子」，即是唱蓮花落者，其活躍在茶園酒肆，無異於流娼。筆者注）玉儂笑道：「你別是一宵沒睡覺說夢話罷？這工夫落子館兒快打鑼啦，去亦看不見嘛兒啦！」十一少爺道：「要不咱找誰玩錢兒？」玉儂道：「這倒不離，咱哪兒亦別去，上我們家裏去罷。今天他們說啦，再熬一宵夜兒，推一宵牌九」。十一少爺道：「我不推牌九啦。一翻兩瞪眼，有嘛趣兒？還不如押寶有意思呢！」玉儂道：「別管推牌九，押大寶，回去再商量去」。說時拉著十一少爺由估衣街折回。

出得估衣街，進了北門，過鼓樓東，一條胡同裏便是陸宅。……（摘自（民國）李燃犀：《津門豔蹟》之「變聲肘腋三大王怒發虎狼威，禍起蕭牆黃少奶潛吞芙蓉粉」，大陸廣告公司圖書部民國三十年（1941）五月初版。）

注：本篇小說生動刻畫了早年天津下層民眾舊歷春節期間的社會生活，其中就涉及當時民眾，包括妓女到天后宮進香的情況。

四、匾額與楹聯

分佈在各地的媽祖廟都書刻有各式匾額、楹聯，形成了媽祖文化的特色之一。媽祖匾額、楹聯隨媽祖信仰起源於北宋時期，最初見於媽祖廟宇中，隨著媽祖信仰的廣泛傳播，媽祖匾額、楹聯流行於明代，興盛於清代，作者的成分和數量不斷增加。

媽祖廟創建或重修落成時，人們往往奉送匾額、楹聯、碑記等以示慶賀。這些匾額和楹聯或由善男信女受神恩惠致謝還願奉送，或由廟宇的有力支持者，或由頗有聲望有影響的人士，甚至皇帝達官敬奉。匾額、楹聯的內容體現出媽祖的神職不僅是海上航行安全的保護神，而且是地方守護神，還可以顯示信徒崇祀敬仰程度和神靈在官民信仰中的地位，因此不少匾額成爲研究地方史的珍貴資料。另外有一些匾額、匾聯出自書法名家之手筆，多數爲民間書法家所書，是研究書法藝術的寶貴資料。

（一）匾　額

御賜匾額是歷代朝廷褒崇媽祖的主要形式之一，據不完全統計宋、元、明至清，歷代前後賜額多達幾十餘次。

1、天津市

天津天后宮的詩詞、匾額、對聯一般分爲三類：一是以帝王、地方官員書贈的的匾對：二是與漕運有關的詩文，三是反映酬神社火民俗活動的詩文。目前天津天后宮尚存匾額、對聯（遺失、毀損不計）共 27 件，碑刻詩文 81 通，都具有較高的史料價值和藝術價值。這些匾牌都描繪出當時天后宮及周邊一帶熱鬧非凡，商貿繁華，而百姓安居樂業，歌舞昇平，安寧祥和的景象。進而說明天后宮所處的重要地位，天后在人們思想中的地位，媽祖文化對天津城市文化藝術帶來的深遠影響，從而推動天津城市的發展進程。

山門：山門正面有藍地金字「**敕建天后宮**」。上款爲：「乾隆己巳秋九月等字樣」。**按**：據《天津皇會考紀》載：「山門的橫額上有以整磚雕成的五個字，藍地金字，寫的是：勅建天后宮。橫額上首有：乾隆己巳秋九月等字樣。己巳爲乾隆十四年（1749）」。不過 1986 年天后宮重新開放時，新磚額已無原上款。山門裏面橫匾「**祐護三津**」，爲木刻白底楷書朱字，1994 年仿 1985 年磚額製匾。山門背面磚額「**靈護萬方**」，爲磚刻楷書金字。**按**：《二十世紀初的天津概況》載「裏面有『靈護萬方』匾額」。

牌坊：牌坊正上方豎匾「天后宮」，木質。**按**：據《天津皇會考紀》載：「牌樓中間，上邊立著一塊木牌，寫著『天后宮』三字」。牌坊正下方橫額：「**海門慈筏**」，爲木刻藍底楷書金字，有上款「康熙十三年歲次甲寅春壬正月」，下款聖飭天津道副使加六級關中薛柱斗立」。**按**：薛柱斗，清陝西延安府延長縣人，拔貢，清康熙九年（1670）任天津道，次年奉詔編修《天津衛志》。背面橫額「**百穀朝宗**」，爲木刻藍底顏體楷書金字，無款識。

前殿：前殿正面橫額「**三津福主**」，爲木刻金底楷書金字，上款爲「康熙十三年（1674）歲次甲寅春壬正月」，下款爲「恩飭天津道副使加六級關中薛柱斗謹獻」。**按**：《二十世紀初的天津概況》載：「第二道門的前面有『三津福主』之匾額」。背面有匾額二：一是程長庚獻的「**普天同濟**」，爲木刻黑底楷書金字；一爲稽承恩書的「**盈湉昭贶**」。今佚。

正殿：正殿中門有匾額「**護國保民**」，爲木刻黑底顏體楷書金字，上款爲「萬曆元年歲次癸酉仲冬月吉立」，下款爲「右衛指揮侯選巡撫部院關中楊兆書」。**按**：此匾原爲坊額。康熙《天津衛志》卷 1 載：「護國保民坊，一在東門外天妃宮前，一在城外西北龍王廟前」，可知此該匾最初曾見於牌坊，此亦爲天津地方志文獻記載中出現最早的匾額。清康熙間牌坊改用薛柱斗題「海門慈筏」額，楊氏所題才改爲掛匾，懸於正殿中門，今存匾係文革後據清乾隆之後摹品複製。楊兆，字夢鏡，明代膚施（今延安）人，明嘉靖三十五年（1556）進士，隆慶四年（1570）由山東副使進爲右僉都御史，巡撫順天，加右副都御史。萬曆五年（1577）任南京刑部尙書，歷兵部尙書。正殿北門橫匾「**宇宙精靈**」，爲木刻黑底顏體楷書金字，上款爲「萬曆歲次庚寅仲春」，下款爲「右衛指揮候選巡撫袁應兆書」。正殿南門橫匾「**資生錫類**」，爲木刻黑底顏體楷書金字，上款爲「萬曆萬曆三十七年歲次己酉十月立」，下款「欽差督理通惠河道部郎協李升基書」。

殿內正中有匾額「**垂祐瀛壖**」，爲木刻黑底楷書金字，如冠九書。**按**：（同治）《續天津縣志》卷首「仁宗睿皇帝御製天后宮額『**垂祐瀛壖**』」。陳鐵卿撰寫於 1963 年的《天后宮》中載「額上邊當中有『嘉慶御筆之寶』方印」。正殿內中橫匾「**天后聖母**」，爲木刻藍底楷書金字，如冠九書；正殿內北橫匾「**萬**

里波平」，爲木刻黑底楷書金字，如冠九書。

按：據《嘉慶重修一統志》卷二十五：「（嘉慶）十三年，仁宗睿皇帝巡幸天津，御書額曰『垂祐瀛壖』」。1963年陳鐵卿《天后宮》（載天津市文史研究館編《天津文史叢刊》第四期）記：「額上邊當中有『嘉慶御筆之寶』方印」。可見其時原匾尚在。而今所存此四字題匾則標作「如冠九書」，當爲匾文相同之另一匾額。按：如冠九，即如山（1810～？），字冠九，號古稀男子，滿洲鑲藍旗人，赫舍里氏，清道光十八年（1838）進士，官至浙江按察使，四川布政使。

正殿內北橫匾「**四海同光**」爲木刻黑底顏體楷書金字，上款爲「天津天后宮留念」，下款爲「臺灣北港朝天宮董事長曾蔡美佐　敬贈　歲次辛未年（一九九一年）菊月」。

正殿內北橫匾「**聖恩廣澤**」，木質，上款「公元一九九五年六月　天津天后宮惠存」，下款「臺灣臺北拱朝雲天宮管理委員會林福財　鄭志聰　王建德敬賀」。

正殿內南橫匾「**聖德在水**」，爲木刻黑底楷書金字，如冠九書；匾額「**如在其上**」，清人張裕釗書；匾額「**海峽英靈**」，爲木刻黑底篆書金字，上款爲「天津天后宮」，下款爲「財團法人臺灣省大甲鎮瀾宮董事長王金爐、全體董監事同敬獻」。

清人楊葆誠所題匾額「**穩渡群生**」，題於清光緒八年（1882），上款爲「光緒壬午年二月穀旦」，下款爲「弟子楊葆誠敬獻」。

同治皇帝所題匾額爲「**贊順敷慈**」，題於清同治四年（1865），據《續天津縣志》卷首載。今佚。按：（同治）《續天津縣志》卷首「今皇帝御題額：御製天后宮額『**贊順敷慈**』」。《二十世紀初的天津概況》載：「舉其重要者有『**贊順敷慈**』」。可見該匾20世紀初期尚在廟內懸掛，失落則是後事。

「**海國安瀾**」，嘉慶御賜廟額。今佚。

「**慈雲儷潤**」，光緒御書。今佚。

清人盛宣懷所題匾額「**河海之慈**」、「**寰海鏡浦**」、「**至哉坤元**」，今均已佚。

按：《二十世紀初的天津概況》載：「其他最近的有盛宣懷等書寫的『河海之慈』、『寰海鏡浦』、『至哉坤元』等等」。

「**永受嘉福**」，楊硯書。今佚。

按：楊硯，當即楊峴，字見山，號庸齋，晚號藐翁，浙江歸安（今湖州）人。清咸豐間舉人，權知常州府。精書畫鑒賞，有《遲鴻軒詩存》等。

「如在其上」，張裕釗書。今佚。

「悟禪廊」，戊辰春，單行乾書，原曲廊東側橫匾，木質。1995 年拆廊存匾。

「洗心徑」，戊辰孟春，單行乾書，原曲廊西側橫匾，木質。1995 年拆廊存匾。

「誠議獻茶老會」，乾隆己巳年，民國二十五年重修，趙元禮題。誠議獻茶房橫匾，今佚。**按**：《天津皇會考紀》載：「『誠議獻茶老會』，上款是『乾隆己巳年、民國二十二年五月重修』，並列著兩行字，下邊題著趙元禮的款（趙元禮是天津有名的書家）。另據《簡明天津指南》載：「樓下橫匾書『誠議獻茶老會』。上款『乾隆己巳年，民國二十五年重修』，重修時間不明，待考。趙元禮（1868～1939），字幼梅，號藏齋，天津人。詩人、書法家。在職開灤煤礦多年。書法宗蘇，爲近代天津四大書法家之一，著有《藏齋集》、《藏齋詩話》、《藏齋隨筆》等。

「善緣堂」，大方。誠議獻茶房橫匾，今佚。**按**：《天津皇會考紀》載：「樓上（指誠議獻茶房）中間門上也有一塊扁，寫著是『善緣堂』三字，下款署名『大方』，（大方，名地山，名詩人也）」。大方：方爾謙（1871～1936），字地山，又字無隅，別署大方，江蘇揚州人。與弟爾咸（澤山）文壇齊名，世稱「二方」。

「藥王殿」。今佚。**按**：《天津皇會考紀》載：「殿外的門上，還在懸著『藥王殿』的匾額」。

「煙波」，丁卯年，劉錚然書。正殿北側月亮門橫匾，木質。

「故園」，丁卯年，劉錚然書。啓聖祠西北月亮門橫匾，木質。

「張仙閣」，丁卯春日，方紀左手。張仙閣上方橫匾，木質。**按**：《天津皇會考紀》載：「過街樓的正中間有一塊匾，是黑漆的底，大赤金的字，寫的是『張仙閣』」。

「神遊」，丁卯年，劉錚然書。張仙閣下方橫匾，木質。1996 年建樓撤匾。

「樂奏鈞天」，戲樓橫匾，木質。**按**：《天津皇會考紀》載「臺的中間有一塊橫匾，匾上黃底綠字，有四個字是『樂奏鈞天』」。1999 年換周汝昌書「天后宮戲樓」橫匾，上款爲「己卯吉辰」。

「揚風」，戲樓北側上場門橫額，今佚。**按**：《天津皇會考紀》載「上場門橫額有兩個字是『揚風』」。

「訖雅」，戲樓南側下場門額，今佚。**按**：《天津皇會考紀》載「下場門的橫額字是『訖雅』」。

「穩渡群生」，橫匾，銅質。題於清光緒八年（1882），上款爲「光緒壬午年二月穀旦」，下款爲「弟子楊葆誠敬獻」。天后宮原存。

2、北京市

（1）延郚會館

會館地址：北京市崇文門外英子胡同二十二號。

殿前懸匾額：「海邦仰望」

本匾額係乾隆四十七年（1782）蔡新題。蔡新（1707～1799），字次明，號葛山，別號緝齋，福建漳浦下布（今大南阪下樓村林西墘）人，建府第在縣城準提室巷內。清乾隆元年（1736）進士，選翰林院庶吉士。散館，授翰林院編修。乾隆三十四年（1769）署理兵部尚書兼管國子監事，乾隆四十一年（1776）乾隆皇帝手書「武庫耆英」及紅絨結頂冠服賜給他。乾隆四十六年（1781）十月充四庫全書館正總裁之一，次年五月四庫全書纂修基本完成，請假回鄉修墓。乾隆四十八年（1783）七月，授文華殿大學士、吏部尚書，賜「黃扉宿彥」匾額。嘉慶元年（1796），嘉慶皇帝御書「綠野恒春」匾額賜給蔡新，並賜蔡新子本俊官內閣中書，嘉慶四年（1799）十二月卒，享年 92 歲。贈太傅，賜祭葬，謚文恭，有《緝齋詩文集》刊行於世。

殿內懸有「安瀾永慶」、「裕國祐民」等題匾。

匾額**「敕封天上聖母」**，六字直匾，懸於會館後殿簷下。

殿內懸有**「安瀾永慶」**、**「裕國祐民」**等匾額。

「響遏流雲」、**「賞心悅目」**等匾額懸於戲臺。

（2）汀州會館

會館位於北京市前門外長巷下二條廿六號，創建於明代弘治年間，由福建省居京的同鄉集資修建。分北館和南館兩部分，隔街相對。福建省清流籍裴應章尚書於明代萬曆十五年（1587）捐宅爲館，是爲「北館」，館內有福建汀屬八邑旅平同鄉會。南館爲清乾隆年間建成，建築規模較小。會館內設旅萃堂、敦讓堂、天后殿等建築，現有匾額三塊。

劉映奎所題匾額「**汀州南館**」，懸於北京汀州南館，此件爲南館石刻門額，保存完好。

注：劉映奎（1864～1935），又名聚星，字幼蘇，福建寧化人，清光緒二十三年（1897）舉人，光緒三十三年（1907）會試中經濟科第四名，授法部主事。後回鄉任雲龍學堂山長，又到汀州學堂任教。辛亥革命後，被選爲福建省議會議員並任副議長，後又當選爲國會參議員。

清人華定初所題匾額「**德配坤元**」，懸於會館天后殿。

清人沈翔清所題匾額「**慈恩廣被**」，懸於會館天后殿。（沈翔清，沈葆楨長孫，字丹曾，號澄園，光緒間充船政總稽查。）

清代鄞江合郡所立匾額「**樾蔭天南**」，爲天后殿橫匾，款署「宣統二年庚戌秋月鄞江合郡公立」。

（3）福州新館

該館位於北京市原宣武區騾馬市大街，創建於清嘉慶二十四年（1819），光緒間福州陳玉蒼尚書、葉大遒編修等發起重修。

葉大遒所題匾額「**福州新館**」，懸於北京福州新館天后殿，題寫時間約爲清光緒七年（1881）。

（4）惠濟祠

清代嘉慶皇帝所題「**宅神天沼**」和「**德施功溥**」，兩塊匾額均懸於圓明園內綺春園惠濟祠內。清《嘉慶重修一統志・京師二・祠廟》「惠濟祠」條（清嘉慶二十二年（1817））載：「惠濟祠，在綺春園內，嘉慶二十二年建，祀天后。仁宗睿皇帝御書『宅神天沼』、『德施功溥』二殿額」。

注：嘉慶皇帝倡建惠濟祠在今海淀區圓明三園之一的綺春園最西南，開建於清嘉慶十八年（1813），竣工於清嘉慶二十二年（1817）。建成後的惠濟祠與河神廟爲一組小型道觀，兩小院並排而建，東爲惠濟祠、西爲河神廟，毀於清光緒二十六年（1900）的八國聯軍入侵。

3、河北省

乾隆皇帝：《河北臨榆山海關天妃宮匾》。據清《永平府志》卷三十九載，該匾題於清乾隆八年（1743），內容爲「**珠宮湧現**」。臨榆縣今爲秦皇島市山海關區。

清・佚名：《河北秦皇島天后宮匾》。據陳從周主編《中國園林鑒賞辭典》第 447 頁載，該匾題於清康熙四十二年（1703），內容爲「**萬里波澄**」。本匾懸掛於天后宮北面二樓。此天后宮即爲山海關天妃宮。

4、山東省

（1）青島天后宮

王垿所題匾額「**有求必應**」，上款：「壬申年五月穀旦」，下款：「蓬萊原肇基敬獻，王垿書」。

注：王垿（1857～1933），書法家。字爵生、覺生，號杏村、杏坊，晚號「昌陽寄叟」。山東萊陽人。清光緒十五年（1889 年）己丑科進士，欽點翰林院庶吉士，後授檢討，詹事府、右春坊右贊善，因他在光緒二十年（1894）大考翰詹時得第二名，一年後轉左春坊左贊善，以後又升爲右春坊中允、翰林院侍講學士。光緒二十六年（1900）7 月，八國聯軍進逼通州，其護駕西行。至西安，遂升國子監祭酒。光緒二十七年（1901）冬慈禧返京，清廷賞護行人員，王垿被賞戴花翎。光緒二十九年（1903）授河南學政，督學河南，兼授翰林院學士，後升內閣學士兼禮部侍郎。光緒三十三年（1907）又署法部右侍郎兼實錄館副總裁，爲光緒寫《實錄》。辛亥革命後定居青島。

丁敬臣所題匾額「**慈雲普被**」懸於戲樓門上，時間爲民國二十九年（1940），係當年重修天后宮原物。

注：丁敬臣，買辦資本家，清光緒六年（1880）生於江蘇江都，曾捐爲監生，授知縣，官至候補知府。後棄官開始在上海，光緒二十三年（1897）至青島，從事洋務活動，1949 年赴臺灣。

正殿：內懸匾額「**慈雲常獲**」，有款識：「己卯秋月天祿園蜀郡傅泰贈匾宋啓燦補書」。

佚名所題匾額「**神靈默祐**」，題於民國三十一年（1942）。

佚名所題匾額「**靈祐衆生**」，題於民國三十六年（1947）。

佚名所題匾額「**神明默祐**」，題於民國三十七年（1948）。

（2）膠州天后宮

冷文煒所題匾額：匾文一爲「**威鎮咸孚**」，一爲「**海不揚波**」。該匾題於清乾隆年間，牌樓位於天后宮大殿前，此二額爲牌樓石刻額，分刻於前後兩面。

注：冷文煒，字彤章，號艾西，膠州人，生於清康熙五十八年（1719），清乾隆九年（1744）中副貢生，官皋蘭知縣，歷任泰安、西寧知縣，爲官頗有政績。工書法，名重一時，初學《聖教序》，後學《天冠山》，得其要旨。

（3）即墨市金口天后宮

清代佚名所題匾額「**滄海慈雲**」，懸於宮門。

注：宮在即墨城東北 40 公里的金口村，古爲膠東商港重鎮。

（4）蓬萊閣天后宮

托渾布所題匾額「**海不揚波**」，題於清道光二十年（1840），爲石刻匾。上款：「道光庚子年二月」，下款：「長白托渾布題」。

注：托渾布（1799～1843），博爾濟吉特氏，字安敦，又字子元、愛山，室名瑞留堂、瑞榴堂。蒙古正藍旗，著有《瑞榴堂詩集》，曾任山東巡撫。

魯其光所題匾額「**碧海清風**」，題於清同治間。

注：魯其光，字芝友，江西南豐人，清同治七年（1868）進士，曾經官至濟南知府。

（5）煙臺天后宮

孔令貽所題匾額「**德符坤載**」，題於清光緒三十四年（1908）。上款：「光緒三十四年歲次戊申穀旦」，下款：「欽命稽查山東全省學務賞戴雙眼花翎襲封衍聖公孔令貽敬立」。

注：孔令貽，孔子第 76 代嫡孫，清光緒三年（1877）襲衍聖公，光緒二十四年（1898）奉諭爲翰林院侍講，光緒三十三年（1907）奉旨稽查山東學務。

（6）濟寧天后宮

乾隆皇帝所題匾額「**靈昭恬順**」，題於清乾隆三十二年（1767）。

注：據《清代媽祖檔案史料彙編》載，清乾隆三十二年（1767）五月初七日：「河東河道總督臣李清時謹奏，爲奏聞事：竊照濟寧城南舊有天后殿宇，規模不大，設像奉祀，靈應昭然。臣因廟宇傾頹，曾經略爲修整。前於三月間，在天津行宮面懇聖恩，賞給匾額，以隆祀典，仰蒙皇上御書『靈昭恬順』四字，頒賜懸掛。臣隨照式鈎摹製就匾額，送至天后廟内，擇吉於五月初七日懸掛正中。除將御書原本敬謹收藏外，所有懸匾日期理合繕摺奏聞伏祈皇上聖鑒」。可見當時乾隆皇帝曾經賜匾與濟寧天后宮，雖然濟寧天后宮如今已經不存，但應該還是確有其事的。

5、遼寧省

（1）大連金州山東會館天后宮

清代署名「蓬萊會民」所題匾額「**山東會館**」，懸於正門，上款「光緒六年（1880）仲秋（八月）穀旦」，下款「蓬萊會民敬獻」。

注：金州天后宮，亦稱山東會館，俗稱會館廟，始建於清乾隆五年（1740），爲山東籍船户集資所建，光緒六年（1880）大修，民國十九年（1930）又大修。

王丕純所題匾額「**省觀世蹟**」，楹聯「**優孟衣冠，假笑啼中眞面目；騷人遊戲，小風流處大文章**」，均懸於天后宮戲樓。

注：王丕純，清代山東即墨人，乾隆朝宿儒，本匾額及楹聯題於清乾隆四十年（1775）。

（2）大連瓦房店天后宮

「一曲雅，扮演就千古興亡勝負；數聲越調，妝點出百年離合悲歡」。

注：瓦房店天后宮位於三臺鄉石佛寺村，建於清初，奉祀媽祖林默娘娘。先於其所建的明代長興島媽祖廟，當時應稱「天妃宮」而不是「天后宮」。

左宗棠所題匾額「**永慶安瀾**」，題於清光緒十一年（1885），原題戲臺。陳從周主編《中國園林鑒賞辭典》「東溝孤山天后宮堂會戲臺」條載，該戲臺清光緒間由山東船工行會修建。戲臺「平梁懸左宗棠於光緒十一年（1885）所書『永慶安瀾』匾額。建築簡易美觀，1945 年後，戲臺木板被國民黨軍隊徵用，戲臺損毀」。

注：宮在遼寧省丹東市東港市孤山鎮。左宗棠（1812～1885），湖南湘陽人，清道光十二年（1832）中舉人，清咸豐十一年（1816 年）任浙江巡撫，清同治三年（1875 年）被授爲協辦大學士。清光緒元年（1875 年）又任欽差大臣，督辦新疆軍務。光緒七年（1881）任軍機大臣，光緒十一年（1885）病死於福州，終年 74 歲。左宗棠特別擅長書法，是清朝著名的書法家。

清・茂升恒：《遼寧丹東大孤山天后宮匾》（二）。本匾匾文爲「必恭敬止」，懸於天后聖母殿，爲清光緒六年（1880）天后宮遭大火焚壞重修時題，乃孤山鎮當地大商號「茂升恒」所敬獻。

從各類匾額的內容看，天后娘娘不僅是海上航行安全的專職保護神，而且進一步發展成爲地方性的多功能保護神，其中包括具有能夠保護子嗣繁衍的功能，充分反映出隨著社會環境的不斷發展變化，人們對天后娘娘社會功能的認同日益加深，崇祀敬仰的程度與範圍不斷擴大。

（二）楹　聯

與天后宮匾額相輝映的，是天后宮的楹聯。媽祖楹聯始於清代，以數量多，內容廣，品位高，藝術成就突出，富有鮮明的文化特色著稱，內容多爲歌頌媽祖功德的溢美之詞。分佈在環渤海一帶的的媽祖廟刻有各式楹聯，形成獨特的媽祖楹聯文化。這類媽祖楹聯中相當數量是由著名人士撰寫的，上自皇帝，下至平民、文人、名宦，多爲文人之作。昔日文人墨客雖然有些輕賤廟宇，但逢廟宇相約筆墨，亦肯惠賜，只是很少書名寫姓。因此查天后宮的楹聯留有名姓者，史料記載寥寥。不過那些構思精巧、對仗工整、意在聯外的楹聯，仍然會給人留下可咀嚼的韻味。

1、熱情讚美媽祖顯赫崇高的人文地位

媽祖昇天后，自宋至清歷代持續褒揚誥封，從「夫人」、「妃」、「天妃」、「天后」，直至「天上聖母」，由人及神，把媽祖的神格提到了極限。許多媽祖廟楹聯都反映了這一特點。如天津天后宮殿柱題聯「覃恩浩蕩常留海，后德巍峨獨配天」。覃恩：廣布恩澤。浩蕩：廣闊壯大。后德：后指媽祖，指媽祖的恩德。巍峨：高大雄偉。本聯讚頌媽祖堪比上天，恩德浩蕩，普施人間，造福百姓的傑出功績，同時反映了百姓祈求媽祖賜福保安、和諧康寧的美好願望。

2、強調與祖廟的神緣關係

湄洲是媽祖誕生地和媽祖信仰的發祥地，因此湄洲天后宮被稱爲天下媽祖宮廟的祖廟，在信眾心目中享有至高無上的神聖地位。因此在宮廟楹聯中溯源湄洲，強調與祖廟的神緣關係，藉以突顯神祇神力的非凡，是環渤海媽祖宮廟楹聯的特色之一。

如北京汀州會館題聯「湄島慈雲瞻日下，鄞江福耀麗天中」。作者爲伊紹鑒。伊紹鑒，福建寧化人，清道光二十九年（1849）舉人，書法家伊秉綬之孫，歷任江西石城知縣、廣東廉江知縣、新安知縣等。本聯題於清同治三年（1864）。湄島：即湄洲島，位於福建莆田縣，爲媽祖故里，島上有媽祖祖廟。慈云：佛家語。意思是說佛家以慈悲爲懷，如天上之雲覆蓋世界，這裏指媽祖。日下：指京都。鄞江：福建汀江的別名。福耀：即福曜。曜：日、月、星辰的總稱。

北京莆陽會館題聯「神力雲帆濟滄海，帝京香火似湄洲」。莆陽會館創建於明代萬曆年間，原在高家寨，稱舊館。清代光緒十六年（1890）坍壞，御史江春霖等人倡議售舊購新，在賈家胡同創置新館。館內有景賢堂、文昌殿、天后殿等建築，祀鄭漁仲、林艾軒、陳正獻、劉後持四位先生神牌，天后殿祀媽祖。本聯作者爲徐慶瀾。徐慶瀾（1839～1912），福建莆田縣常太鄉人，字海屏，又作海坪，號耐庵，晚號莆陽逸叟，清同治十三年（1874）進士，授翰林院庶吉士、散館，授編修，充國史館協修，一度佐左宗棠幕，後典試雲南、貴州、順天，晚年歸里隱居。善詩文書法，精楹聯，有《荔隱山房全集》、《莆陽詩集》、《荔隱居楹聯偶存》。神：這裏指媽祖。雲帆濟滄海：雲帆，像白雲飄動的風帆。濟：渡。滄海：即大海。因大海水深呈青蒼色，故稱。帝京：即京都，這裏指北京。香火：即香和燈火，爲供奉佛前之物，引申指供神拜佛之事。

山東煙臺福建會館天后宮山門題聯「熙朝崇祀典，魯晉閩平分一席；湄島現慈航，江湖海普護千艘」。熙朝：指盛朝。魯：山東省的簡稱。晉：山西省的簡稱。大殿石柱題聯「地近蓬萊，海市仙山瀛客話；神來湄渚，綠榕丹荔故鄉心」。本聯文字精湛，言簡意賅，小巧玲瓏，寓意無窮。蓬萊：指蓬萊閣。海市：指蓬萊閣時而出現的海市蜃樓。仙山：傳說海中有三仙山：蓬萊、方丈、瀛洲。綠榕丹荔故鄉心：福建多榕樹、荔枝，故言。寥寥兩句生動形象地描繪了廟宇所在的奇麗景象：行宮似海市蜃樓、瓊宇仙山，而媽祖故鄉湄洲的榕樹蔥綠、荔枝丹紅，卻勝似蓬萊仙境，令人陶醉和嚮往。本聯字面上雖然沒有提及「湄洲」、「湄島」、「湄嶼」及「湄諸」等名稱，但卻通過將湄洲和煙臺自然環境中的精華聯接起來，突顯媽祖神祇神力的非凡，以及本廟與湄洲祖廟的神緣關係。

3、頌揚媽祖海上護航神績

護航保運是媽祖最基本的職能。傳說信眾在波濤洶湧的大海中遇到危難之時，呼喚媽祖，她就會有禱必應，保祐航舶。環渤海一帶媽祖宮廟楹聯中，稱頌媽祖海上顯聖救難是其主要內容之一。

如北京汀州會館題聯「渤海靖鯨鯢，萬廩千倉遵職貢；舟車馳水陸，南征北運仗神威」。作者鄧心茂（1842～？），福建上杭人，監生，清同治四年（1865）分發江蘇海運省局差，清光緒二十五年（1899）後升江蘇漕運京局總辦道員、海運局總辦。渤海：中國內海，在遼寧、河北、山東、天津三省一市間。靖：安定，制服。鯨鯢：即鯨。廩：米倉。職貢：賦稅，貢品。水陸：水路和陸路。南征：征，征伐。南征指清康熙二十二年（1683），靖海侯施琅奉命率師收復臺灣。北運：元朝建都於大都（北京），每年要從江南運糧三百萬石，起初主要從運河運輸，由於運河運輸慢而易阻，因而決定將漕運由運河運輸改為海運，運至直沽（天津）卸存，再經過通惠河運往大都（北京）。神：這裏指媽祖。

「飄渺三山，回望白雲生翠巘；滂洋萬里，但見碧海磨青銅」。此聯題於天津天后宮正殿內柱。飄渺：亦作縹緲，隱隱約約，若有若無。三山指海中三座神山：蓬萊、方丈、瀛洲。白雲：即白雲鄉，猶仙鄉。翠巘亦作翠巘，指青山。巘：大小成兩截的山。滂：大水湧流。碧海：碧藍色的大海。磨青銅：古代的鏡子都由青銅磨成，這裏指大海平靜地像一面鏡子。通過對景物的描寫，讚美周圍自然景色，從而折射出人們生活的安定祥和。

山東青島天后宮正殿題聯「大海茫茫，無岸無邊，觀蒼天，天高在上；飆風發發，莫憂莫懼，徯我后，后來其蘇」。遼寧省丹東天后宮也有此聯。茫茫：也作芒芒，遼闊，深遠。徯：等待。后：這裏指媽祖。煙臺天后宮大殿也有聯「慈雲遠在江天外，神德長垂澤國中；祐一方潮平岸闊，護環海風正帆懸」。煙臺福建會館天后宮山門題聯「俎豆薦他鄉，何異明禋修故里；靈神周寰海，依然寶炬濟同人」。寶炬：指媽祖火——紅燈。

此類楹聯都以讚頌媽祖恬波息浪，帆檣濟渡的神績爲主，充分反映媽祖恩德浩蕩，普施人間，造福百姓的傑出功績，表達百姓祈求媽祖賜福保安、航行平順的美好願望。

4、祈求媽祖保祐年景風調雨順

祈雨禳災，庇護人民生產和生活屬於媽祖衍生的職能。如山東長島顯應宮題聯「海上息鯨波，從此風調雨順。山中開貝闕，應知物阜民康」。本聯作者爲沈鴻烈。沈鴻烈（1882～1969），字成章，湖北天門人。清末秀才，清光緒三十年（1904）入日本海軍軍官學校學習。同盟會員，歷任北京參謀本部海軍科長、東北海軍司令、青島特別市市長、山東省主席、農林部長、浙江省主席等職。此聯乃沈於民國十七年（1928）至民國二十二年（1933）駐島時所撰，刻石於廟。風調雨順：指風雨及時，五穀豐穰。物阜民康：物產豐富，人民康樂。山東威海成山天后宮題聯「撥開雲霧佈宏德，坐攬江山獻福安」。本聯中反映媽祖恩德浩蕩，普施人間，造福百姓的傑出功績，同時表達百姓祈求媽祖賜福保安、和諧康寧的美好願望。

煙臺福建會館天后宮題聯「榕嵩荷神庥，喜海不揚波，僉茲遠賈；芝罘崇廟祀，願慈雲永駐，濟我同舟」。遠賈：遠道而來的客商。芝罘：即芝罘半島，位於煙臺市西北，天后宮就建於其上。

河北省驪沙口天后宮和天津天后宮正殿大門均題聯「厚德仰坤元，化爲寰中光日月；資生扶泰運，威加海外息風波」。聯中的「坤元」：係《周易》用語，「乾元」的對稱。化：化生。寰中：天下。泰：六十四卦之一。海外：指中國四境以外的土地。息：平息，平定。風波：風浪。本聯作者不詳，聯中熱情讚頌天后的深重恩德存在於廣大的地域，呵護著眾生，令人敬慕，她的威力施及四海之外，能平風息浪，使日月生輝，充分反映了媽祖恩德浩蕩，普施人間，造福百姓的傑出功績。

北京福建會館題聯「靈應在瞬息之間，洋洋焉，遠無不屆；惠澤遍海天以外，蕩蕩乎，民莫能名」。北京福建會館位於原北京宣武區。此聯作者爲陳若霖。陳若霖（1759～1832），字宗觀，號望坡，福建閩縣（今福州市）螺洲人，清乾隆五十二年（1787）進士，清道光元年（1821）後歷湖廣、四川總督，道光四年（1824）授工部尚書兼順天府尹事，官終刑部尚書。本聯文字精湛，言簡意賅，充分反映媽祖德高望重，恩德浩蕩，普施人間，造福百姓的傑出功績，爲媽祖的聖迹歌功頌德。這類楹聯都是以祈求媽祖保祐風調雨順、物阜年豐爲主題。

北京汀州會館天后殿題聯「酬尙義之功，北闕盍簪，風雨攸寧歆俎豆；麗同人至澤，南天連袂，梓桑必敬集冠裳」。本聯作者廖瑛，字璞完，福建永定人，清乾隆二年（1737）進士，官刑部主事、江西按察使。尙：崇尙。北闕：古代宮殿北面的門樓，爲臣子等候朝見或上書之處，亦用爲朝廷的別稱。盍：合。簪：疾。歆：饗。俎豆：都是古代祭祀用的器具，引申爲祭祀、崇奉之意。麗同人至澤：麗澤，比喻朋友互相切磋。同人，志趣相同或共事的人稱同人。袂：衣袖。梓桑：即桑梓，桑和梓是古代家宅旁邊常栽的樹木，後用作故鄉的代稱。冠裳：冠，帽子。裳，下身的衣服。冠裳，這裏用來代指仕宦和百姓。

天津天后宮題聯有「慈雲遠在江天外，神德長垂澤國中」。江天：江面上的廣闊空際。神德：媽祖的恩德。澤國：多水的地方。「朝禮是虔，忠信涉波濤，帆檣利濟；天監永赫，極崇在功德，黍謖惟馨」、「朝野共瞻依，后德常昭垂海宇；天人同感應，慈光普照登蓬瀛」、「朝陽啓瑞，廟貌巍峨地靈人傑。天運開元，神功浩蕩物阜民康」等等。此類楹聯文字精湛，言簡意賅，以祈求媽祖保祐風調雨順、物阜年豐爲主題，充分反映媽祖德高望重，恩德浩蕩，普施人間，造福百姓的傑出功績，爲媽祖的聖迹歌功頌德。

5、頌揚媽祖的母愛和孝梯精神

媽祖是女神，她雖然沒有結婚生子，但在信眾眼裏，她就是一位充滿慈祥母愛的母親形象。此類讚頌媽祖母儀、慈愛的楹聯也極多。

傳說媽祖是因爲在海上「救父拯兄」才付出生命的，她的行動，踐行和體現了傳統儒家的「孝悌」倫理，因此受到了官民的肯定。在環渤海一帶媽祖宮廟楹聯中，也有不少頌揚媽祖孝悌精神的。如山東長島顯應宮題聯「救父海中，渾身是銅牆鐵壁；警心夢裏，夙世有慧業靈根」。本聯爲明代洪武年間鐫刻。救父海中：指媽祖「踏機救父」的故事。銅牆鐵壁：比喻十分堅固，難以摧毀的事物。夙世：前世。慧業：佛教中指生來就具有智慧的業緣。其中上聯簡要概括天后自幼救父兄免於海難的不凡家世，下聯反映媽祖恩德浩蕩，普施人間，造福百姓的傑出功績。

6、巧妙運用各類修辭手法和典故

另外，在一般傳統楹聯中經常運用的各種修辭方式，在媽祖宮廟楹聯中也能找到實例。經常使用涉波濤、女蝸、大禹等與水相關的典故，巧妙集句改造，大量使用嵌字方式是環渤海一帶媽祖宮廟楹聯的特色。如在環渤海一帶媽祖宮廟的楹聯中，多用於水有關的典故。「忠信涉波濤」就是與水有關的常用典故之一。天津天后宮題聯「擊楫溯黃流，但求利濟澄清，不惜艱危憑造化；翔舤來翠羽，幸賴神靈呵護，敢云忠信涉波濤」。懸於正殿內柱，今佚。本聯作者為盛宣懷。盛宣懷（1844～1916），字杏蓀，號愚齋，江蘇武進（今常州）人，清同治九年（1870）入李鴻章幕，歷任天津海關道兼津海關監督、漢冶萍煤鐵公司董事長、工部左侍郎、郵傳部尚書等，撰有《愚齋存稿》等。聯中的擊楫：形容志節慷慨。溯：逆流而上。黃流：黃色的水流。澄清：明淨，清澈。造化：運氣，福分。翔舤：飛速行駛的船。翠羽：翡翠鳥，民間有媽祖化身為鳥，拯溺救難的傳說。神靈：指媽祖。呵護：呵禁守護。「忠信涉波濤」：原為典故，出自《列子·說符》，後引申為不懼險阻，勇敢跋涉。查《天津皇會考紀》：「楫」原為「揖」，「溯」原為「泝」，「艱」原為「難」，均疑原排字之誤。

天津天后宮題聯「補天媧神，行地母神，大哉乾，至哉坤，千古兩般神女；治水禹聖，濟川後聖，河之清，海之晏，九州一樣聖功」。懸於正殿內柱，今佚。本聯作者為鄭瑞麒。鄭瑞麒（約 1790～？），字仁圃，福建閩縣（今福州市）人，清嘉慶二十四年（1819）進士，官內閣中書，直軍機，旋出為江西九江知府，權廣饒九南道兼九江關都督，改慶遠知府，太平天國中以堅守慶遠並間破敵功敘道員。聯中的媧神：指神話中人類的始祖女媧氏。傳說她曾用黃土造人，並煉五色石補天，折斷鰲足支撐四極，治平洪水，殺死猛獸，使人民得以安居。母神：指媽祖。神女：指媽祖。禹聖：指大禹。與「蝸皇」典故相對應的通常是上古的賢聖帝王大禹，也稱帝禹、禹帝。大禹千百年被廣泛傳頌的是治水豐功和勤勉精神。媽祖是水神、海神，因此往往以大禹來作比。後聖：指媽祖。河之清，海之晏：黃河水清，滄海波平，即河清海晏，用以形容天下太平。九州：泛指中國。媽祖昇天后，自宋至清，歷代褒揚誥封，從「夫人」、「妃」、「天妃」、「天后」，直至「天上聖母」，由人及神，把媽祖的神格提到了極限。本聯讚頌天后神通廣大，法力無邊，無處不在，堪比女媧補天，大禹治水，造福千秋萬代。此聯把女蝸和大禹置於同一副楹聯中，藉以歌頌媽祖具有女神和水神的雙重身份，充分讚美媽祖神通廣大、扶危濟困和無私奉獻的精神。清人梁章鉅《楹聯叢話‧楹聯續話（卷1）》載「鄭仁圃喜爲楹聯，時見意匠。有題天后宮聯云『補天媧神，行地母神，大哉乾，至哉坤，千古兩般神女；治水禹聖，濟川後聖，河之清，海之晏，九州一樣聖功』。想見精心結撰，思與神通也」。

天津天后宮題聯「水德配天，海國慈帆並濟；母儀稱后，桑榆俎豆重光」。今佚。聯中的水德：古謂帝王受命的五德之一。慈帆：即慈航，佛教謂佛以慈悲渡眾，使之脫離苦海，猶如舟船相濟。母儀：舊指爲母者的典範，多用於皇后，這裏指天后媽祖。桑榆：家鄉，故鄉。重光：指日月。

遼寧丹東天后宮題聯「體乾健以笑天，靈運神功，善參佛性；闡坤儀而作后，澤周南海，福庇東瀛」。此宮廟主祀媽觀音和媽祖。乾健：乾，八卦之一。佛性：佛教名詞。佛教認爲人人都有成佛的本性，在生死輪迴中此性不改，故名。東瀛：東海。同時附天后宮內保柱聯並序「安東縣治瀕臨江海，自春徂秋，商船雲集，航海者胥賴聖母默祐，布帆無恙。爰醵資建廟於元寶山麓，爲歲時俎豆之所。光緒乙酉仲春，承乏斯邑，展謁廟貌，因錄張南山司馬撰句，以記虔恪之意云」。題聯「大海茫茫，到無岸無邊，觀於天，天高在上。飄風發發，正可危可畏，徯我后，后來其蘇」。本聯有款識「同知銜安東縣知縣張丕績敬書」。張丕績即張南山。張南山（1780～1859），名維屏，字南山，又字子樹，號松心子，廣東番禺縣（今廣州市）人。清道光二年（1822）進士，官南康知府，著《松心詩集》、《文集》等。聯中的茫茫：又作芒芒，遼闊，深遠。飄風發發：疾疾的樣子。徯：等待。后：這裏指媽祖。「徯我后，后來其蘇」，取自《尙書‧仲之誥》，意思是「等待吾王，吾王來了就有復蘇的希望」。這原是寫夏民殷切地期待商湯來解救他們的語句，「后」指帝王，但在集句聯中，則被巧妙地改指天后媽祖。

遼寧錦州天后宮正殿題聯「仙籍列九天，踵接西池王母；慈航周十地，心同南海菩提」。聯中西池王母：神話人物，亦稱金母、王母和西姥。十地：佛教有十地之說，即十種修行成佛的境界。南海菩提：這裏字面指觀世音菩薩，暗指天后媽祖。

媽祖宮廟楹聯中還經常運用許多修辭手法，來提高楹聯的趣味性、靈活性和感染力。如遼寧錦州天后宮題聯「天河有源在九天，后有蒼海水無邊。行船萬里生靈祐，宮闕肇建有仙緣」。本聯摘自 1985 年 10 月刊印的錦州文史資料委員會所編《錦州文史資料》第 6 輯，作者不詳。此聯採用嵌名法，分別以宮名「天」、「后」、「行」、「宮」四字嵌名，稱藏頭聯，極具感染力。

另外環渤海一帶許多著名的媽祖廟宇大皆座落於交通要衝，山清水秀的自然環境令人留連忘返，許多楹聯中形象地描繪了當地這一特點。如山東蓬萊閣天后宮戲臺題聯「樂奏鈞天，潮汐聲中喧島嶼；宮開碣石，笙歌隊裏徹蓬萊」，遼寧營口天后宮：「紫煙籠勝境，遼河浪卷千堆雪；紅日照仙宮，渤海波揚萬簇花」。聯中就分別將兩地天后宮依山傍海瀕河的自然環境，充分表達出來。

楹聯和匾額是環渤海一帶媽祖宮廟不可或缺的裝飾物，但聯、匾並非一般的工藝美術裝飾物。楹聯作爲一種傳統文學體裁，文字精湛，言簡意賅，小巧玲瓏，寓意無窮。對仗工整，合乎格律，鏗鏘有韻。在平仄方面，對仗工穩，音韻和諧，抑揚頓挫，鏗鏘有力，形成韻律美。它蘊含著豐富的文學審美價值，是人文精神的體現，這種獨特的文學作品把中國對偶藝術發揮到極致。在遣詞造句方面，突出漢語靈活的用典和詞語組合特點，詞約義豐，典雅雋永。實際上楹聯、匾額是一種綜合藝術，其審美價值不但體現於文學，而且體現於書法以及材質、刻工等。

第八章　《高上玉皇本行集經》

媽祖信仰在一千多年前的產生與發展過程中，以一種民間宗教的形式而存在，因此形成了多種經文和教義。這些經文和教義作爲研究媽祖信仰的第一手資料，自身體現出釋、道、儒三教合一色彩，表明三教都已經把自己的思想滲透到媽祖經文和教義中。而反映在神祇的社會功能上，則使媽祖由單一的航海保護神，逐步擴展成爲多功能的地方守護神，更容易爲眾多信徒所接受。

這些經文和教義多產生於明代。由於以媽祖爲題材的小說、遊記在明代已經開始出現，它們紛紛把媽祖打造爲道教、佛教的神仙，使媽祖的形象更加豐滿。滲透力和影響力極強的媽祖信仰，成爲佛、道二教拉攏的對象。作爲來自民間而得到官方推崇的媽祖信仰，離不開僧侶神道的傳播與弘揚，再加上儒、釋、道三教在經傳圖志上的附會，使媽祖經文和教義隨著這種信仰擴展，從內容到形式不斷豐富。

這裏特選取由天津天后宮刊印的，天津圖書館館藏的一種媽祖信仰經文——《高上玉皇本行集經》進行評介。

《高上玉皇本行集經》，簡稱《玉皇經》，共分爲上、中、下三卷，乃仿傚《佛本行集經》之作。經摺裝，黃綾封面，一函三冊，每半頁三行八字，首附有玉帝、天尊神像圖六幅，線條精細，神態莊重，不失爲精美的版畫之作。該經原係明萬曆前後刻本，原版該經爲厚紙摺裝，封面爲明錦裱褙，外加精美封套。摺通高 39 釐米，寬 13 釐米，版心每摺高 26.5 釐米，寬 12 釐米。民國二十七年（1938）九月天后宮補版印本，今藏天津圖書館。作者與成書年代均不詳，初刊於明代萬曆間，經文內容主要是敘述元始天尊說靈寶清淨不二法門，讚頌玉皇神變化生故事，分清微天宮神通、大神咒、玉皇功德、天眞護持、報應神驗諸品，其中也有關於靈寶經法的咒符、齋法等收入《正統道藏》洞眞部本文類。另有題漢張良校正的《玉皇經》三卷，題元劉處源的《高上玉皇本行經髓》。

《玉皇經》是作爲道教經典之一，是道士經常誦持的經書，凡齋醮及道門功課都要諷誦。每逢道教重要節日，如正月初九玉皇大帝聖誕、臘月二十五日玉皇大帝降聖下界等日，舉行儀式作道場，均須誦《玉皇經》。相傳全眞道最先諷誦此經，《玉皇經》對持誦者要求十分嚴格，其《持經要訣》規定：「凡持經誦者，必先至心誠意，盥漱齋沐，嚴整衣冠，焚香正身端坐，洗心滌慮，絕念忘情，思眞如對，然後朗誦」，可見要求之高之嚴之莊重。《玉皇經》比較深奧，據說先前天后宮是天津道教廟宇中唯一念《玉皇經》的地方。就是宮內道士，也僅有四五位會念。唪誦其經，亦有一定之規，誦念前要淨身、吃素，且只在廟內念，從不到廟外念，以示其莊嚴、神聖。

是書卷末有刻印者題識一則：「天津東門外（原注：舊名河北省天津縣轄境小直沽）天后宮原存《玉皇經》板三卷一部，經文古奧，闡發道教精蘊至玄至貴。因年久殘損頗多，現經住持等募化修補，承信士贊助，遂將該板修整完竣，功德無量，爰記斯意，以資紀念云爾。天后宮住持崔修傑、張修華、張修培、何修祺；玉皇閣住持陳省銘、胡省鉞謹記。中華民國廿七年（1938）歲次戊寅九月」。據此可以看出：其一，該書初刊於明代萬曆年間，後「因年久殘損頗多」，承「住持等募化修補，承信士贊助，遂將該板修整完竣」，將其再次刷印。其二，此《玉皇經》修補重印，係天后宮的「修」字輩和玉皇閣的「省」字輩兩家寺廟住持主持而成。這些主持若非有百歲之壽，恐早已亡故，但他們的後人應該依然存世。其三，天后宮住持中的張修華一人，據《天津近代人物錄》中介紹張修華，學名鳳藻，天津人，生於清光緒十八年（1892），其父祖均係天后宮道士、殿主，可見出身於道教世家。清光緒三十年（1904）簪冠受度入廟，承襲父業，道名修華，爲道教中的正一派。該書印數合計只有十部，若施主各得一部，即五部之多，天后宮、玉皇閣各存一部，外間流傳的不過兩三部之數，天津圖書館得以保存一部，且十分完好如新，這是十分可貴的。至於「板存天后宮本廟」，是指《玉皇經》一書板片修補好後，存放在天后宮正殿後身的藏經閣。

該書卷前有一精美的祈頌神碑，碑額上題「萬古長春」及雙龍爭珠圖案，碑四周飾以雙龍、祥雲、海水圖案，底座爲雙層龕箱，中間碑文充滿了對自然、國家、社會、宗族的祝福和祈願。卷末還有一個十分考究美觀的座碑式碑記，頂部繪有太極圖、海水、祥雲、仙鶴，四周有祥雲、仙鶴圖畫相襯，底座爲雙層龕箱。碑記云：「王蓋淑琴印施五部，寶俊峰、王惠臣、王誠山、秦理臣印施五部，中華民國廿七年（1938）歲次戊寅九月重修，板存天后宮本廟」。

七十餘年前天津天后宮刻印的《高上玉皇本行集經》，字體爲典型的「經廠本」粗黑大字，字大如錢，寬天闊地，行寬疏朗，裝幀精美，尤其是經的補白尾花是「經廠本」經卷獨有的裝飾。該經不僅是道教教義的重要文獻資料，更是天津媽祖信仰傳播過程中難得的文獻，因此具有十分重要的價值。

原經內容

持經要訣

凡持誦經者。必先至心誠意。盥漱齋沐。嚴整衣冠。焚香正身端坐。洗心滌慮。絕念忘情。思真如對。然後朗

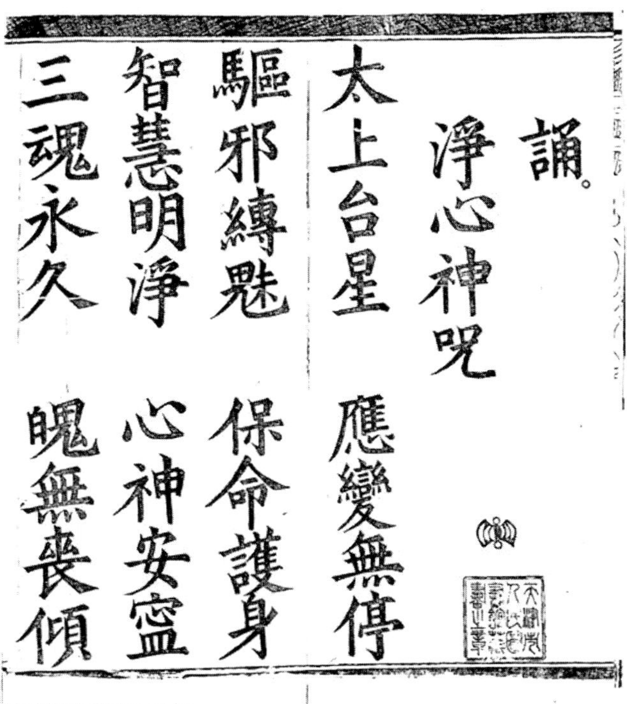
誦。

淨心神咒

太上台星　應變無停
驅邪縛魅　保命護身
智慧明淨　心神安寍
三魂永久　魄無喪傾

淨口神咒

丹朱口神　吐穢除氛
舌神正倫　通命養神
羅千齒神　却邪衛真
喉神虎賁　氣神引津
心神丹元　令我通真

思神鍊液　道炁常存

淨身神呪

靈寶天尊　安慰身形
弟子魂魄　五臟玄冥
青龍白虎　隊仗紛紜
朱雀玄武　侍衛我真

安土地神呪

此間土地　神之最靈
升天達地　出幽入冥
爲吾關奏　不得留停
有功之日　名書上清

淨天地神呪

天地自然　穢炁分散
洞中玄虛　晃朗太元
八方威神　使我自然
靈寶符命　普告九天
乾羅怛那　洞罡太玄
斬妖縛邪　殺鬼萬千

中山神咒　元始玉文
持誦一遍　却鬼延年
按行五嶽　八海知聞
魔王束首　侍衛我軒
兇穢消散　道炁常存

金光神咒

天地玄宗　萬炁本根
廣脩億劫　證吾神通
三界內外　惟道獨尊
體有金光　覆映吾身
視之不見　聽之不聞
包羅天地　養育羣生

誦持萬遍　身有光明
三界侍衛　五帝司迎
萬神朝禮　役使雷霆
鬼妖喪膽　精怪亡形
內有霹靂　雷神隱名
洞慧交徹　五炁騰騰

金光速現　覆護真人

長跪禮奉

仰啓三清境

無上三境尊

仰啓大羅天

無上玄穹主

徼瓊臺之中。玄都玉京
之上。接元始虛皇之統
系超西那玉國之根苗。
入黍米珠。盡挹真玄之
精粹。在香林苑。屢談秘
要之筌蹄。妙德難思。神

通莫擬。大悲大願大聖
大慈。無量度人。靈寶天
尊。

志心皈命禮
太清仙境大赤天宮。巍
巍金闕之高。渺渺重霄

之上。降生於無量數刧。
說法於萬二千天。五千
秘言。融三才之妙道。八
十餘度接六趣之衆生。
聖德崇高。玄功廣博。大
悲大願。大聖大慈無量

天尊。

志心皈命禮。

尊居帝位。高處天宮。徧遊于一切。白玉京中。普現于十方。黃金闕內。定而能應。去來自在以無之變化。不壞不滅。杳亡杳存。大悲大願。大聖大慈。現神明堅固不壞真空無上法身。玉皇大天尊。

長跪懺悔。

遐著。萬炁揚津。天震地裂。枯骨更生。沉尸飛魄。皆得復形。酆都鐵圍長夜九幽。即時破壞。地獄苦魂。化生諸天。三惡道苦。一時解脱。時諸罪衆。

或崩殁。社稷九廟。委付何人。作是念已。即便勑下。詒諸道衆。於諸宮殿。依諸科教。懸諸旛蓋。清淨嚴潔。廣陳供養。六時行道。徧禱真聖。已經半

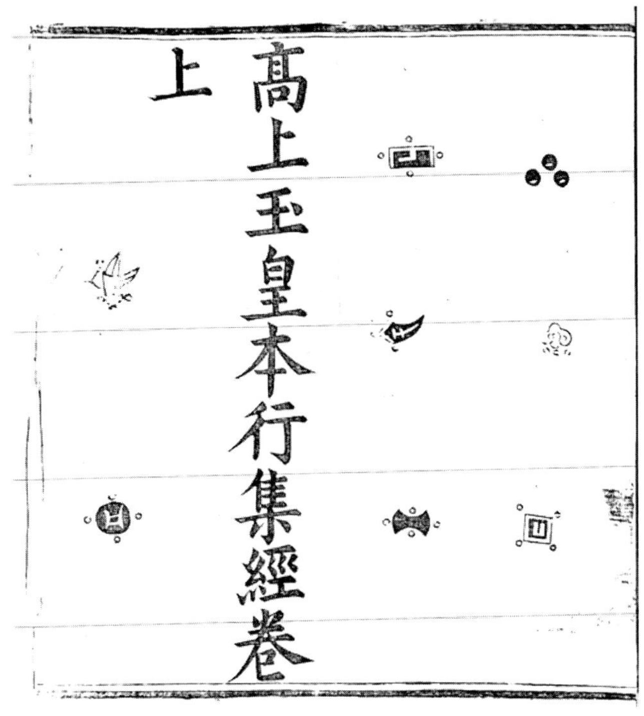
高上玉皇本行集經卷上

妙德乃天地之玄根威靈恢廓普加無窮蕩蕩大化爲神明之宗其量莫測巍巍乎太空是時元始革運玄象開圖靈文鬱秀神表五方分判

天地開化萬靈。此玄宗之寶，可得暫披於靈韞乎。今皇道敷暢，澤被十方。仰觀刼運，真風宜行。臣心實欲，使靈蔭八遐。風灑蘭林，寒條仰希。華

陽之繁，朽骸蒙受靈輿之津。明真有格，今當以行。仰對元慈，下伸丹悃。惟願哀憫，俯念蒼生，不審靈寶玉篇真文，可得見授下教於未聞者乎。

於是　元始天尊。撫已高抗。凝真遐想觀時已至普為時會。一切真聖。論定陰陽推數劫會。移校河源。檢錄天度。選擇種人。指拈太無。嘯朗九

玄。念無開聽於陳辭。有若閉礙求真之路。是時五老帝君。啓問不已。良久　元始天尊乃垂盻肯之容。慨爾歎曰。微乎深哉。子今所扣。豈不善

乎。此元始靈寶之玄根。空洞自然之真文。生天立地。開化神明。施鎮五嶽。安國康民。靈寶玄妙。為萬物之尊。天啓玄瑞。靈應自然。今三天盤運。

六天道行。雜法開化。當有三萬六千種道。以釋来者之心。此法運訖。三龍之後。庚子之年。襍氣普消。諸天慶會。吾真道乃行。今且可相付。當録於上館。未得行於下世。玄科有禁。不得妄傳。子可詣靈都。紫微上宮。聽天音。於金格。視俯仰于神王。然後當使。得受天文。以 統御元始之 天也。

於是 五老帝君。與諸真聖。清香執戒。徘徊雲路。嚮命十方。上詣上清。太玄玉都。寒靈丹殿。紫微上宮。受俛仰之格。乃知天真貴重。難可即聞。還

乃更請。元始道前。詣以
禁戒之儀。遜謝不逮。是
時　天尊。慈顏愍諭。靈
關廓開。登命五老帝君。
開洞陽玉館。披九光八
色之韞。雲錦之囊。出元

始靈寳赤書玉篇真文。
金書玉篆微妙秘密。運
御乾坤。大光明圓滿大
神咒。玉章宣付五老帝
君。是時。五老帝君。拜受
已及諸天聖衆。稽首禮

謝。天尊玉帝仰奉

道旨。按法以傳。

東方安寶華林青靈始

老蒼帝。所受神咒誥命。

東方九炁　始皇青天

碧霞鬱壘　中有老人

總較圖籙　攝氣舉仙

右度人錄仙青帝秘文二十四字書于九

天元臺主名九天上帝校神仙圖籙

歲星輔肝　角亢鎮真

氐房心尾　四景迴旋

箕主七辰　正斗明輪

承烝捕非　掃除灾羣

右制星秘文三十二字書于紫微宫東

華[illegible]主名星宫正天分度

東山神呪　攝名九天

赤書符命　制會酆山

東魔送鬼　所誅無蠲

悉詰木宫　敢有稽延

右制魔秘文三十二字書于東華玄靈

之館主攝鬼魔正九天烝

下制東河　溟海水神

大刼洪灾　蛟龍負身

水府開道　通逕百千

上帝赤文　風火無間

右制水秘文三十二字書于九天東北玉闕丹臺王攝東海水帝大劫洪災名蛟龍及水神事

東方九炁靈寶赤書玉篇真文合一百二十字皆

太上無上大光明圓滿大神呪空洞自然之書一名生神寶章洞玄章一名東山神呪一名青帝八威策文

右　玉皇誥命。以錫東方。安寶華林。青靈始老蒼帝。九炁天君。令統御東方。諸天諸地。日月星宿。名山靈洞。水府泉宮。上聖高尊。真仙聖衆。一切威靈。符命所臨如誥奉行。

敕

南方梵寶昌陽丹靈真老赤帝。所受神呪誥命。

南方丹天　赤帝玉堂

中有大神　號曰赤皇

上炎流烟　三炁勃光

神仙受命　應會太陽

右度人録仙赤帝秘文三十二字書于九

天洞陽之館主名九天神仙圖籙金名

熒惑輔心　井鬼守房
柳星張翼　統御四鄉
軫總七宿　回轉天常
名運促會　正道驛行

右制星秘文三十二字書于三炁丹臺主

名星宮明度數正天分

赤文命靈　北攝酆山
東送魔宗　斬邪滅根
符教所討　明列罪原
南山神兕　威伏八方
羣妖滅爽　萬試摧亡

右制魔秘文四十字書于西南陽正王闕

玉制北酆正鬼炁

南河水帝　太伯龍土

神呪沆行　普掃不祥

洪水飛災　止蛟名龍

開除水逕　千道萬通

敢有干試　攝送火宮

赤書所告　莫有不從

右制水秘文四十八字書于西南陽正王

闕主攝南河水帝大運之期洪水四出召

蛟龍及水神事

南方三炁靈寶赤書玉篇真文合一百五

十二字皆
太上無上大光明圓滿大神咒空洞自然
之書一名南雲通天寶經一名九天無上
之上咒一名赤帝八威策文

右 玉皇誥命。以錫南
方。梵寶昌陽。丹靈真老

赤帝。三炁天君。令統御
南方。諸天諸地。日月星
宿。名山靈洞。水府泉宮。
上聖高尊。真仙聖衆。一
切威靈。符命所臨如誥
奉行。

中央玉寶元靈元老黃

帝。所受神呪誥命。

中央總靈　黃上天元

始生五老　中黃高尊

攝氣監真　總領羣仙

典録玄圖　宿簡玉文

催運上炁。　普告萬神。

右度人録仙黃帝秘文。四十字。書于太玄

玉寶玄臺。主名神仙玉簡宿命總仙炁。

鎮星輔脾。　迴度北元。

魁魒主非。　截邪斬根。

魋魆魓䰴。　掃穢除氛。

魒正玄斗。明度天關。
九天符命。金馬驛傳。
右制星秘文四十字。書于玄都玉臺。主
攝星官正天分數。
中黄總炁。統攝無窮。
鎮星吐輝。流鍊神宮。

勑攝北帝　遏塞鬼門。
蕩除不祥。莫有當前。
右制魔秘文三十二字。書于玄都玉臺。主
攝北帝正天氣檢鬼精。
中山神呪。召龍上雲。
制會黄河。九水河源。

不得怠縱。善惡悉分。
千妖萬奸。上對帝君。
莫有干試。太陽激熿。
赤書玉字。宣告普聞。
右制水祕文四十八字。書于玄都玉臺四壁。
以攝中海水帝四泉之水。洪灾湧溢之數。

主召水神止蛟龍。
中央一炁靈寶赤書玉篇真文合一百六
十字。皆
太上無上大光明圓滿大神呪空洞自然
之書。一名保劫洞清九天靈書。一名黃天
神呪。一名黃帝八威策文。

右　玉皇誥命。以錫中央。保刼洞清。玉寶元靈元老黃帝一炁天君。令統御中央。皇天后土日月星宿。名山靈洞。水府泉宮。上聖高尊。真仙聖衆。一切威靈。符命所臨如誥奉行。

西方七寶金門皓靈皇老白帝。所受神咒誥命。

西方素天　白帝七門金靈皓映　太華流氛

白石峩峨　七氣氤氳
上有始生　皇老大神
總領肺氣　主校九天
檢定圖籙　制名上仙

右度人録仙白帝秘文四十八字書于九

天素靈宫北軒之上主名仙系主仙道

太白檢肺　奎婁守魂
胃昴畢觜　主制七關
參總斗魁　受符北元

右制星秘文二十四字書于金闕玄窗主

攝白帝星官正明天數

赤書玉字　九天正文

攝召萬炁　普歸帝君

右制魔秘文一十六字書于九天金闕三

圖之館以攝六天鬼炁

西山神咒　八威七傳

符水上龍　召山送雲

在所校錄　同到帝門

輔衛上真　斬滅邪源

若有不祥　截以金關

赤書符命　風火驛傳

右制水秘文四十八字書于九天金闕三

圖之館主攝西海水帝及水中萬怪惡毒

之精召雲龍以防水旱之災也

西方七炁靈寶赤書玉篇真文合一百三十六字皆

太上無上大光明圓滿大神呪空洞自然之書一名金真寶明洞微篇一名西山神呪一名白帝八威策文

右　玉皇誥命。以錫西方。七寶金門。皓靈皇老白帝七炁天君。令統御西方。諸天諸地。日月星宿。名山靈洞。水府泉宮。上聖高尊。真仙聖衆。一切威靈符。命所臨。如誥奉行。
北方洞陰朔單鬱絕五
靈玄老黑帝。所受神咒
誥命。
北方玄天　五炁徘徊
中有黑帝　雙皇太微

總領符命　仙錬八威
青裙羽褵　龍文鳳衣
上帝所舉　制到玉階

右度人錄仙黑帝祕文四十字書于鬱單
無量玄元紫微臺北軒之內主名諸真人
神仙圖籙

北辰輔弼　斗牛衛扉
女虛危室　谿落四開
辟總七星　執凶糾非
卻灾掃穢　明道動輝

右制星秘文三十二字書于天心北元玄

斗中主攝北方星官正天氣

北山神咒　漱陽起雷
流鈴焕落　玃天振威
北酆所部　萬妖滅摧

右制魔秘文二十四字書于北方洞陰朔單鬱

絕玄臺主攝天魔北帝制伏惡神萬鬼事

九河傾訖　鳥母羣飛

蛟龍通道　水陌洞開
赤文玉書　驛龍風馳
右制水秘文二十四字書于洞陰朔單鬱
絶元臺主攝北海水帝制水中萬精王名
蛟龍興雲致雨事北方五炁靈寶赤書玉篇
真文合一百二十字皆

太上無上大光明圓滿大神咒空洞自然之
書一名紫微元神本命生真寶明文一名
北山神咒一名黑帝八威制天文
右　玉皇詰命。以錫北
方。洞陰朔單。鬱絶五靈
玄老黑帝五炁天君。令

統御北方。諸天諸地。日
月星宿。名山靈洞。水府
泉宮。上聖高尊。真仙聖
衆。一切威靈符命所臨。
如詔奉行。
道言。是大神呪者。

元始之妙言。玉皇之真
詰。上清自然之靈書。九
天始生之玄札。空洞之
靈章。上聖之秘語。玉宸
之尊典。成天立地。開張
萬化。安神鎮靈。生成兆

民臣。御運度。保天長存。
上制天機。中檢五靈。下
策地祇。嘯命河源。運役
陰陽。名神使仙。此至真
之妙文。神應自然。致天
高澄。今地固安。保鎮五

嶽。萬品存焉。
玉帝昔授。五老上帝。是
時五帝。跪捧其章。秘題
靈都之館。天真皇人。昔
書其文。掌之於上清真
境。太玄玉都。寒靈丹殿。

紫微上宮。累經刼運。而
其文保固天根。無有毀
淪。與運推遷。是大神咒。
混之不濁。穢之愈清。毀
之不滅。滅之極明。大有
之文。天真所尊。自光真

名帝圖刻簡。昭示來生。
斯文隱秘。不得窺聞。有
得之子。保萬刼長存。勤
行脩奉。克至神仙。朝禮
帝君。

玉皇功德品第三

爾時玉虛上帝。白天尊言。惟願慈悲。普爲四衆帝釋等。及四梵天王。一切諸天。一切諸仙。及未來一切衆生。持是經人。說利益事。爾時

天尊。告玉虛上帝言。快哉斯問不亦善乎。汝以慈悲愍念衆生。故請問於我。汝當復坐。吾爲宣說。　天尊言曰。若有三界十方。無量國土。或兵

戈並起。疫氣流行。水旱蟲蝗。凶災饑饉。是其國王大臣。當發慈憫。為其黎庶。遍勅國內。州縣鎮寨。令諸道流。清淨嚴潔。于其觀內。設大齋醮。六

時行道。為轉此經。當得國土清平。五穀豐熟。黎庶安泰。若復有人。入諸山林。遇毒惡獸。但能存想。一念真經。山神衛護。猛獸自退。終不害已。若

入江海。採寶求珎。值遇惡風。如法持念。是此真經。風浪頓止。安穩達岸。若在軍陣。戈戟既接。兩刃相交。存心默念。是此真經。是諸惡賊。悉自退

散。若在牢獄。枷鎖之中。淨心定處。存念是經。究枉自伸。即得解脫。若爲邪精鬼賊。衆苦所加。如法持念。是此真經。衆邪遠避。自然安穩。若人爲

求嗣息。如法尊重持念此經。　帝勅天曹。明檢丹籍。九品之內。四果仙人。運應數合。降謫下生。為其作子。才辯明慧。人中尊貴。若婦人臨難之

月。如法持念是此真經。即得母子平安。生福德男女。人所愛敬。若為求官進職。爵祿亨達。貴遇人君。如法持念。是此真經。即得職務遷轉。子孫

榮貴世世不絕。若人欲求資財殷富。如法奉持。是此真經。即得財寶充溢。衣食自然。慶流子孫。傳之後代。若人被諸惡星之所照臨。困苦床枕。

如法持念。是此真經。是諸惡星。返降吉祥。若人命過。應入地獄。注名惡籍。父母師長。夫妻男女。當爲亡人。持念是經。或安置道場。播花供養。即得亡者鬼籍蓋除。神生淨土。同苦罪衆咸蒙濟度。豕斯勝利。皆生天上。又此經所在之處。常有十天至真大聖無極飛天神王。侍衛供養。持是

經人。當得自稱爲正一真人。是人在處。自得十方。至真至聖。金剛力士。潛護其人。如護己身。若出若入。遊行之處。百邪避路。魔鬼殄除。精靈伏

藏。一切災殃。不能侵近
是持經人。命欲終時。更
不見諸地獄惡相。即見
天宮玉女。持幢下迎。而
生天上。如天福盡下生
人間。即得千生萬生中。

常為國王大臣。聖賢慶
會。國土清平。人民樂業。
常得宿性通明。遵奉大
道。展轉脩持。至登道岸。
是持經人。獲福如是。又
若有持是經人。若雨下

時起大悲心。如法向空。念此經三卷一遍其雨所霑。面所向方。一切衆生。五逆十惡一切重罪。悉皆消滅。一切重病自得痊愈。是諸衆生。命終

之後。不墮地獄。神生淨土。蓮花化生。何况持是經者。又若有持是經人。或行於道路。值大風起。吹是持經之人。觸身之塵。是塵所霑。一切衆生。

一切惡業悉皆消滅。更不墮於三惡道。當生天上。故知持經功德。不可思議。是持經人。若經涉於江河淮海。沐浴其身。是身所霑之水。其中衆

生。魚鼈黿鼉。一切水族。是諸惡業。悉皆除滅。盡此一報之身。命過之後。不復更受胎卵濕化。一切等身。是持經人。口出一切言語音響。一切邪

魔外道。聞者皆是清淨法音。是持經人。若遇諸神廟。能為其神。誦詠是經。是諸鬼神。得聞是經。即脫鬼趣。登證仙道。恭敬是人。如奉是帝。若人

在世。不孝父母。不敬三寶。殺生偷盜邪滛妄語。作種種極重罪業。將命終時。若有道心 正信善男善女。於亡者未氣終時。起大悲心。于其頭邊。

念　玉帝尊號七遍。或二七遍。三七遍。四七遍。乃至百遍千遍。是其亡者。生前所造諸不善業。悉得消滅。更不墮諸惡趣。神昇九天何況受持。

是此經者。又若復有人。自從往劫。乃至今身。輪轉人天漂沉世域。積千愆萬過。在於己身。若遇是持經之人。形影暫映。其身如為帝光之所攝受或與同語。或聞其聲。如奉帝言。道語之所慰諭。彼人罪障。永得除滅。又若持是經人。造作長旛。書帝名號。于其旛上。懸諸長竿。或在觀宇。或

在家庭。是旛被諸風吹。所指方面。一切衆生。皆霑勝利。一切惡業。悉得除滅。又若有持是經人。書帝名號。在一切有聲物上。或鐘或磬。鈴鐸鐃

鈸。一切道具法事之屬。或以道場。或因戲擊。或被風觸。是聲出時。或遠或近。一切衆生聞是聲已。所有罪障。悉得清淨。又若有時是經人。了悟

生死。深入山林。修真學道。或時登臨。上山顧望。目所及處。山林溪谷。含生品類。有形無形。胎卵濕化。蠢動飛潛。種種物類。所有罪業。皆得除滅

身心清淨。命終生天。何況受持是此經者。當知是人。即是道藏功德身也。爾時

天尊謂玉虛上帝言。今我畧說。未盡其妙。若廣說之。凡流邪見。疑惑不信。是經功德。窮劫難言。于時玉虛上帝聞是說已。心生歡喜。不勝踴躍。瞻仰慈顏。稽首讚歎。而作頌曰。

九天之上　謂之大羅
玉京金闕　雲層峩峨
中有天帝　仁慈惠和
至道無敵　降伏衆魔
天寶靈符　玉律金科
神仙億萬　幢幡衆多

聞者罪滅　永出愛河
是號玉皇　穹蒼真老
妙圓清淨　智慧辯才
至道至尊　三界師
混元祖　無能勝主
四生慈父　高天上聖

大慈仁者　十號圓滿
萬德周身　無量度人
拔生死苦
爾時
玉虛上帝。說是頌及十
號已。諸天聖衆。異口同

音。歎未曾有。
高上玉皇本行集經卷
中

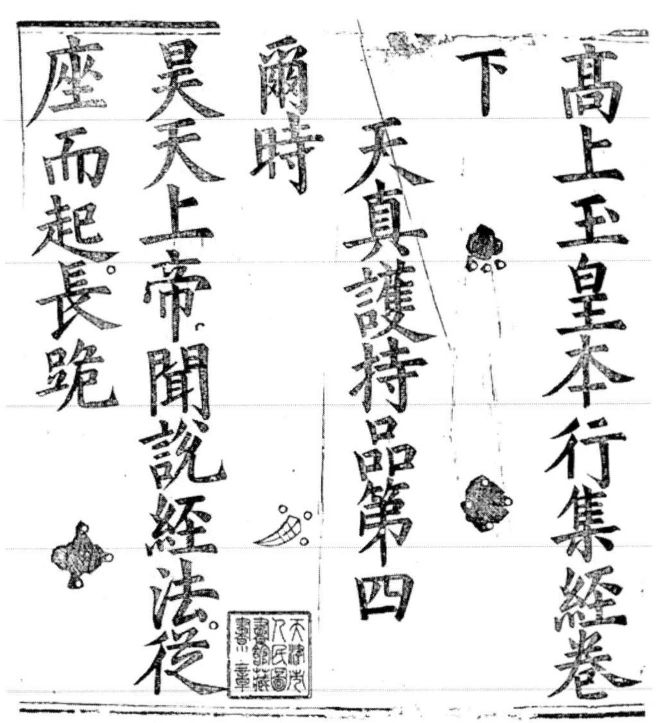
高上玉皇本行集經卷
下
天真護持品第四
爾時
昊天上帝。聞說經法。從
座而起。長跪

帝前。白言。惟願聖慈。普
為大眾及諸天人。持是
經人。說利益事。于時
玉皇上帝。興衣便意。開
利益門。宣玉匱科。傳靈
寶法。告於

昊天上帝曰。汝等諦聽。當爲汝說受持功德。扶危拔苦。利益存亡。神妙之事。衆真稽首。俱發聲言。臣等今日幸聞湛然常住之法。莫不上福諸

天。徧周三界。三塗五苦。咸得消滅。惟願慈悲憫臣等故演斯妙義。玉帝告曰。若有衆生孝養父母。恭敬三寶。竭忠於君。不殺不盜不婬不

妬。不嗔不恨。不驕不詐。奉戒持齋。冥心大道。生尊重心。持誦是經。我即勅下。周流法界。徧傳十方。無極世界。勅命東方東華帝君。青騎神仙兵

馬無鞅數。衆悉令下降。覆護受持。是此經者。勅命東南扶桑大帝。與其部衆神仙兵馬。無鞅數衆悉令下降。覆護受持。是此經者。勅命南方朱

陵大帝。赤騎神仙兵馬。
無鞅數衆。悉令下降覆
護受持。是此經者。勅命
西南太華元老。與其部
衆神仙兵馬。無鞅數衆。
悉令下降。覆護受持。是

此經者。勅命西方皓靈
皇老。白騎神仙兵馬。無
鞅數衆。悉令下降。覆護
受持。是此經者。勅命西
北皇天上帝。與其部衆。
神仙兵馬。無鞅數衆。悉

令下降。覆護受持是。此
經者敕命北方紫微帝
君。黑騎神仙兵馬無鞅
數衆。悉令下降。覆護受
持是。此經者。敕命東北
冲虛天君。與其部衆。神

仙兵馬。無鞅數衆。悉令
下降。覆護受持是此經
者。敕命上方天皇大帝。
崑崙蒼老。黃騎神仙兵
馬。無鞅數衆。悉令下降。
覆護受持。是此經者。敕

命下方来和天君。名山大洞神仙兵馬。無鞅數衆。悉令下降覆護受持。是此経者。勑命十方。一切金仙。四衆八部。及諸眷屬。悉令下降。覆護受

持。是此経者。勑命十方。天真大聖。飛天神王。三官四聖。二曜九星北斗南斗東斗西斗。中斗十二十八宿。周天衆星。金剛力士。神王等衆。各與部

衆。悉令下降。覆護受持。是此經者。勅命降魔力士。四天門王。五嶽四瀆。及諸名山四海九江。十二河源。山林川澤。一切主者。悉與眷屬。覆護受

持是此經者。諸險惡處令得安穩。勅命所在。一切土地靈官。并溝渠等神。及一切諸大刀鬼王。皆令覆護受持是此經者。令諸魔外道。悉皆懾

土精木魅。盡自消滅。五虛六耗。夢寐乖常。野道咒詛。蠱毒之類。皆自消滅。是持經人心欲願者。一切如意。皆得滿足。或有未能。遵依科教。修崇

伏。潛形遁跡。高飛海外。遠避他方。如是山林社稷祠廟。血食之屬。一切鬼神。當自消滅。五方行病。瘟疫鬼帥。諸惡鬼神。并風王水怪。孽龍妖神。

齋醮。但能清淨。持戒專一。信受尊重。敬慕是此經典。並同修齋護持淨戒者。是人功德。坦然無礙。自在逍遥。號人中聖。德慧長新。同諸真人爾

時　昊天上帝。聞是說已。即於　帝前。稽首歌曰。大哉至道　無形無名渺渺億劫　黃道開清神清朗耀　九炁吐精

玉虛澄輝　太霞高明
玉皇開化　溥度天人
三元道養　二象攝生
朽樹故根　已枯使榮
蠢動蛸息　長生化形
懷胎含孕　俱得生成

亡者命過　魂歸三清
魄受鍊度　南宮飛昇
今日大吉　皆得光明
五帝鑒瞭　普告萬靈
天神地祇　及諸河源
五嶽四瀆　及諸名山

洞玄洞虛　洞空洞仙
無極大聖　至真尊神
無窮無極　溥監度生
惡根斷絕　玄都記名
衆真班列　咸聽帝言
経是帝勑　保誦持人

至度道岸　無使灾侵
我奉帝命　一切咸聽
于時
昊天上帝。說是歌已。告
大衆言。此
玉皇妙法語諸聖秘密

言路絶道斷，微妙難思。

巍巍大範，爲神明之宗。

保鎮國土，拔度生死。爾

時　昊天上帝說是語

已，法筵清衆，咸仰

道言，溥得開悟。於是

天尊而說偈曰：

　玉帝功德大

玄理極幽深

生於浩劫前

運化於古今

我今說妙經

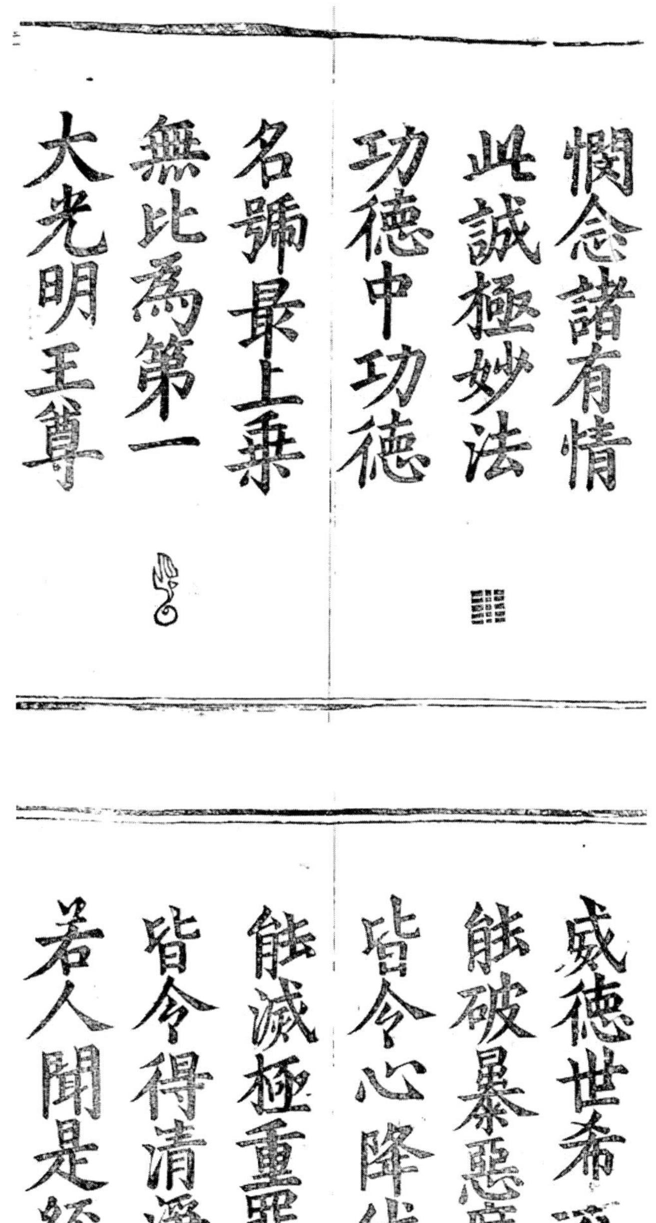

憫念諸有情
此誠極妙法
功德中功德
名號最上乘
無比爲第一
大光明王尊

威德世希有
能破暴惡魔
皆令心降伏
能滅極重罪
皆令得清淨
若人聞是經

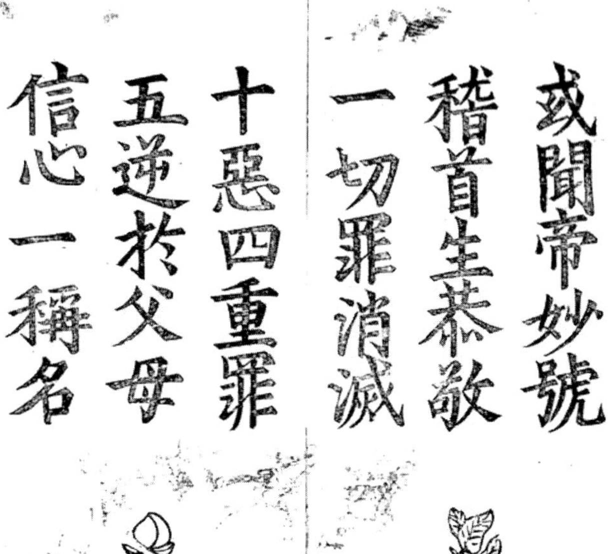
或聞帝妙號
稽首生恭敬
一切罪消滅
十惡四重罪
五逆於父母
信心一稱名

隨聲盡消滅
保護人天衆
四相與五衰

三塗極重苦
人間凡厄難
凶年饑饉喪

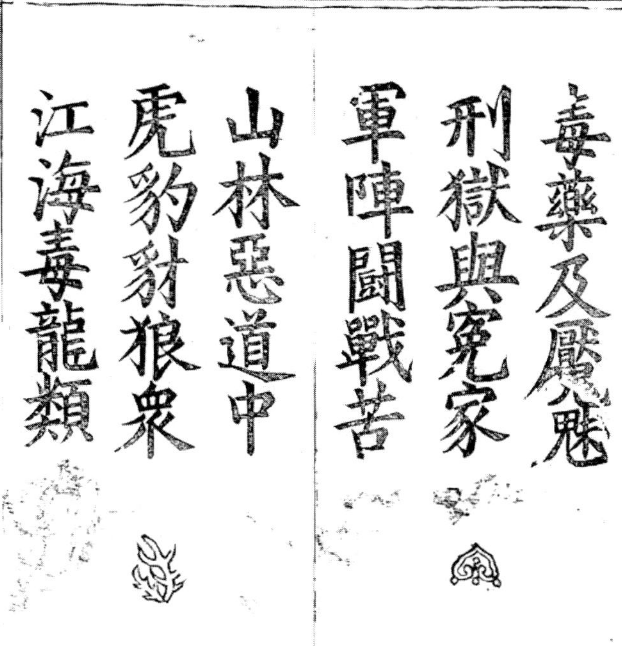
毒藥及魘魅
刑獄與冤家
軍陣鬪戰苦
山林惡道中
虎豹豺狼衆
江海毒龍類

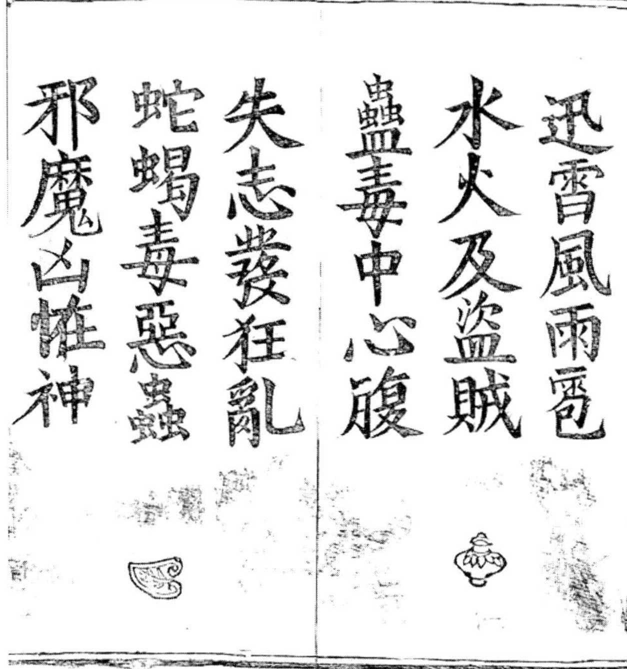
迅雷風雨雹
水火及盜賊
蠱毒中心腹
失志發狂亂
蛇蝎毒惡蟲
邪魔凶恠神

伺求人便者
由持是真経
普皆自散滅
悪病久纏緜
夢寐亦不安
非理欲残命

珍滅不為殃
縁遇是経故
安穏得自在
所有希求願
財寶及富貴
以此経功徳

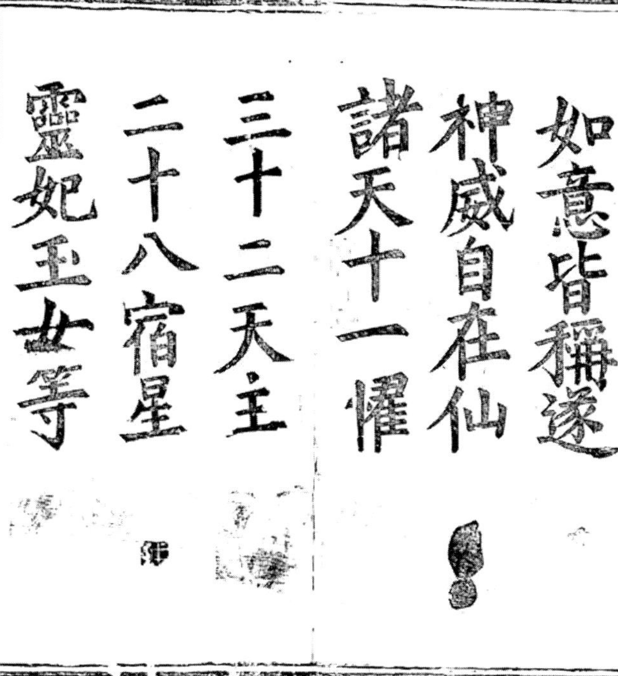
如意皆稱遂
神威自在仙
諸天十一曜
三十二天主
二十八宿星
靈妃玉女等

天神及地祇
三界虛空神
江海諸龍王
水火及風神
官殿與宅舍
山林樹木衆

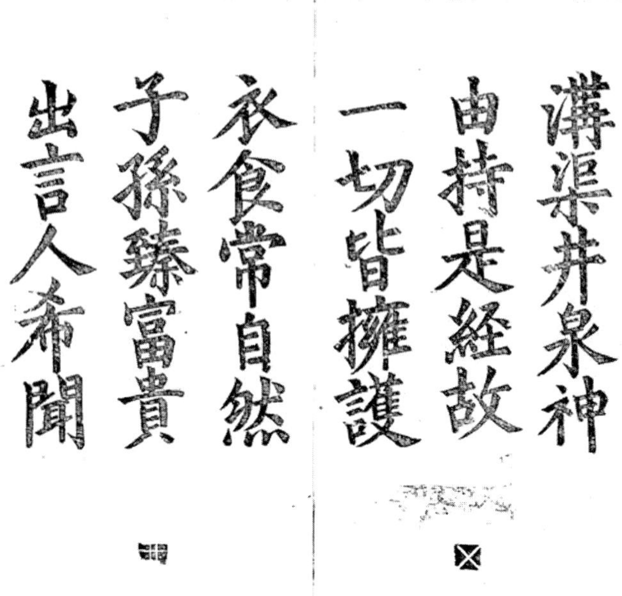

溝渠井泉神
由持是經故
一切皆擁護
衣食常自然
子孫臻富貴
出言人希聞

所至皆推敬
若爲求男女
持誦此真經
帝詔下天曹
落籍天仙人
降謫生其家

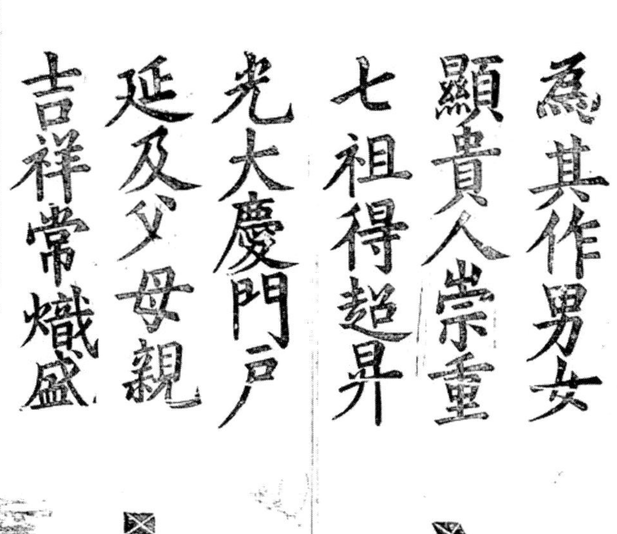

為其作男女
顯貴人崇重
七祖得超昇
光大慶門戶
延及父母親
吉祥常熾盛

灾障不能侵
是故我今說
大衆宜諦聽
慈悲度一切
皆令達上清

于是

天尊普告四衆。凡人持
念此經，受誦帝號，皆道
根深重。宿有善緣。此經
尊妙。普度天人。但精心
恭奉。家國安寧。保命度
灾。掃除不祥。天子王侯。

得奉之者。致國太平。凶
寇自夷。邉域不爭。兆民
歌唱，普天興隆。運推數
周，正道當行。有得之者。
天真敬重，寶之秘之。

報應神驗品第五。

被諸邪障。所隔本末。疑惑不信。是經功德。如是之人。見在未来。於諸地獄。得何罪報。惟願聖慈。說其報應。惡趣之苦。是時

爾時。慈悲度厄真人。尋聲救苦真人。濟生度死真人。萬福護身真人。俱從座起。越班而出。俱白天尊言。若諸末世凡夫。雖宿有善緣。得遇是經。

天尊。謂四真人云。若諸世間。剛強暴惡。不善衆生。終日竟夜。對諸道像。無恭敬心。出誹謗語。是罪當墮。五無間獄。若得值遇。是持經人。設諸方

便。誘引開導。如是之人。能滅惡心。信向是經。彼人罪業。淨盡無餘。又若有邪見愚執惡人。覩持是經。生諸惡逆。偏眼邪視。乃至起一惡心。發一

惡言。妄生謗讟。持經之人。其罪深重。命終之後。墮大地獄。永無出期。至若在世男女。得遇是經。不生敬仰。穢手污觸。葷口讀誦。床榻不淨。便將。

安置。或誦是經。講習俗語。共同戲笑。以爲常典。如是之人。命過之後。墮無間獄。永無出期。殃緣九祖受拷酆都。累及子孫。害纏後代。是人於地獄中。歷無量刦。受大苦惱。縱遇聖教。累夅救拔。罪惡小滅。又遇上聖殊恩。得離地獄。生餓鬼中。歷千萬刧。不聞漿水之名。鬼報得盡。生畜生中。

畜生報已。若生人中。復生邊夷外域。而復女身。貧寒困苦。癃殘百病。受無量苦。人所憎棄。永生不生。求死不死。輕斯經故。獲罪如是。又復有人

初雖信受後。復慢易。善
惡童子。上奏三官。黑簿
書名。青篇減算。身歿之
後拘閉幽牢。往復三塗。
無由解脫。或於見世。受
種種病。疥癩癰疽。以為

果報。憂悲苦惱。日夜相
煎。或身被橫惡所加。或
牢獄繫鎖。或非命自害。
毒藥所殘。或被虎狼毒
蛇。之所噉食。或為冤債。
之所牽引。或行、山林值

遇惡人。被他屠割。推落崖岸。或被邪精魍魎之所殘害。或值水火之所焚漂。或被刀兵之所橫誅。輕斯經故。橫喪天年。獲如是果。獲如是報。可

不悲歟。可不痛歟。汝宜殷勤依此奉行。勿生邪念。若諸念不生。萬緣頓息。塵沙惡業。隨心消散。一切灾魔。自然殄滅。此經功德。不可思議。是誠

無比。最上玅法。諸經之王。有大利益。非人勿示。若諸天人。五衰四相。輪迴侵逼。能捨除妄想。受持是經。坐招自然。天福益固。身度三界。與道長

存。是此經典。無與等。無能勝。是大威德大神咒。能令一切枯槁。便生枝葉花果茂盛。能除衆生。極重苦惱。能令短命衆生。而得長壽。此經功德

不可思議。歎莫能盡。若不宿植道本。廣種福田。乃至經名。尚不得聞。何況得見是經。蓋是經。依三洞真格。八萬劫一傳。此清都至真。上聖所寶。

秘於玉京金闕。甚爲微妙。難可得遇。如宿有仙骨。當爲九天真仙之人。得遇斯文。承斯緣故。後當齋金寶。從師告盟受之。方當承機應運。乃可

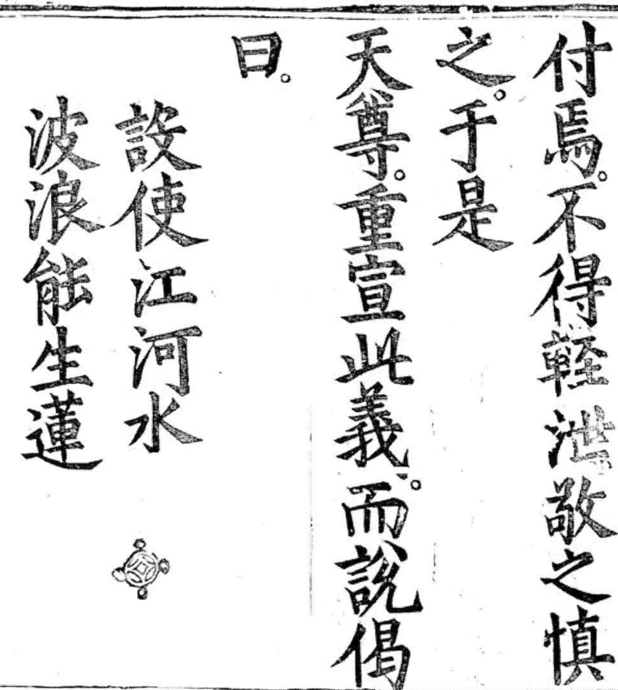

付焉不得輕漫敬之慎之。于是天尊重宣此義。而說偈曰。

設使江河水
波浪能生蓮

慈烏毛能白
如經故難遇
設使龜生毛
堪採爲衣服
夜月能消氷
如經故難遇

設使蚊蠓足
堪搆爲橋梁
能載一切重
如經故難遇
設使黃口雀
能銜諸大山

擲之他方界
如經故難遇

設使一葉舟
力能載崑崙
浮度於大海
如經故難遇

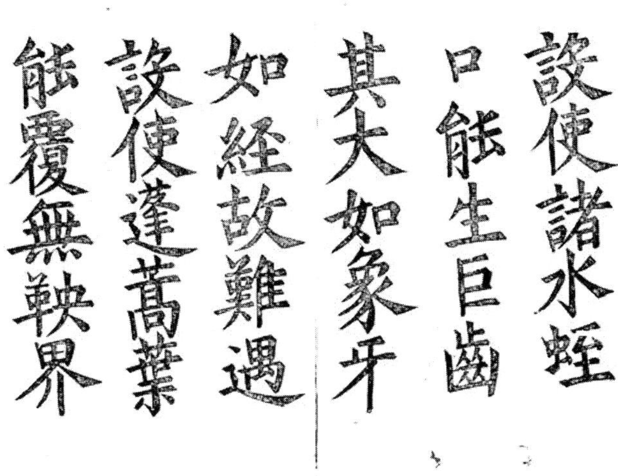

設使諸水蛭
口能生巨齒
其大如象牙
如經故難遇
設使逢蒿葉
能覆無鞅界

麐鹿崑崙山
如經故難遇
設使烏梟類
同樹一巢棲
銜食共反哺
如經故難遇

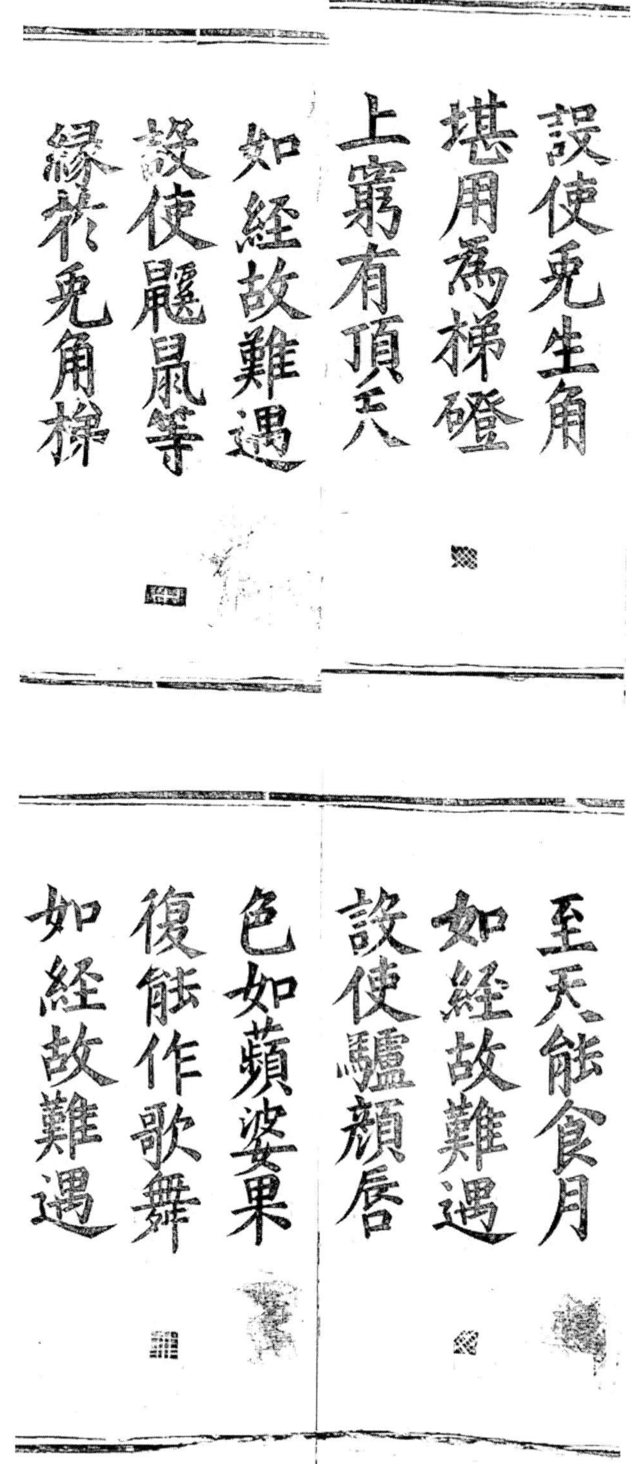
設使兎生角
堪用爲梯隥
上窮有頂天
如経故難遇
設使鼲鼠等
緣花兎角梯
至天能食月
如経故難遇
設使驢顔唇
色如蘋婆果
復能作歌舞
如経故難遇

設使蠅蟲等
飫飲鍾石酒
迷荒而沉醉

如経故難遇

爾時
天尊。宣說偈已。普告四

衆。世間若有。持是經人。
名功德身。一切有情。被
其廕故。持是經人。名神
通身。一切吉祥。咸臻集
故。持是經人。名清淨身
是諸惡業。不能侵故。持

是經人。名威德身。天魔異道。不能攝。故持是經人。名無等身。上帝遙唱。萬神敬。故持是經人。名堅固身。惡刼大難。不能損。故持是經人。名道藏

身。口出語言。鬼神仰。故持是經人。名慈悲身。六道衆生。賴其善。故持是經人。名大道身。出入所在。無怖畏。故持是經人。名良醫身。善行妙法。安

樂人故。持是經人。名光
明身。常爲帝光。所攝受
故。持是經人。名自在身。
天宮妙境。神能遊。故持
經功德。說不可盡。又若
道士志人。能結壇誦經。

着新淨衣。於夜半後閒。
寂之時。獨處清淨室。叩
齒九通。東向端坐。誦詠
是經。於是時也。天真御
几。玉妃拂筵。萬神班列。
諸天臨軒。三界侍衛。五

帝司迎。又能閉目靜思存想是經。不覺身處三色雲氣之中。俄見其身。光明赫奕。上昇天宮。衆真下迎。心有所請。一切應奉。仙丹妙寶。隨意自

得。宜當依科。冥心奉行。此經乃至三世金仙。十方大聖。皆從此經。依科脩奉。故得超證。無上妙道是茲

玉帝。諸天之師。衆聖之

王。是故凡夫。值遇是經。精一脩奉。乃至五帝輔翼。召使羣仙。御役神官。運道。陰陽。千靈敬仰。萬神懾伏。百邪避路。羣魔束形。命過之後。即得南

宮。受鍊。飛步上清。逍遙自在。與道長存。又復世間衆生。得聞是經。心生渴仰。能於家庭。擇清淨處。畫帝尊像。日夜虔虔。晨昏。濟濟。香花燈果。尊

重供養。稱讚聖號。瞻禮

誦經。是人。當得三十種。

上妙功德。

一者諸仙讚重

二者先亡生天

三者宿殃解脫

四者所往通達

五者無盜賊事

六者所求遂心

七者除水火厄

八者橫事潛消

九者夜夢吉祥

十者疾病不侵

十一者智慧聰明

十二者人見歡喜

十三者衣食豐盛

十四者子孫榮貴

十五者六親見喜

十六者門族和睦

十七者除三惡報

十八者轉女成男

十九者形容端嚴

二十者為國大臣

二十一者生為帝子

二十二者鬼神欽仰
二十三者得宿命通
二十四者諸神護念
二十五者九族受廕
二十六者屢世長年
二十七者有情賴善

二十八者魔王保迎
二十九者突超三界
三十者白日上昇

爾時
天尊。復告四衆曰。此經
功德。能碎鐵圍諸山。竭

苦海水。破大地獄拔諸罪苦。降暴惡魔。護諸國土能滅一切惡鬼。能除一切重病。能解一切惡毒。能離一切惡人。能伏一切毒獸。能摧一切邪

道。一切諸天。皆自尊敬。其餘功德。說不可盡。爾時道場大衆。金仙菩薩。真聖眷屬。聞是說已。歡喜踊躍。稽首敬禮。而作頌曰。

大哉至道　無宗上真
上度諸天　下濟幽魂
上繇師祖　惟道爲身
丹臺紫府　金闕玉京
秘此妙法　溥福含靈
滅我萬罪　增我遐齡

萬神朝禮　魔王保迎
功德昌盛　黃籙書名
渺渺億劫　使我長存

于時會衆說是頌畢。稽首皈依。奉辭而退。

高上玉皇本行集經卷

下

無上玉皇心印妙經

上藥三品　神與氣精
恍恍惚惚　杳杳冥冥
存無守有　頃刻而成
廻風混合　百日功靈

默朝上帝　一紀飛昇
知者易悟　昧者難行
履踐天光　呼吸育清
出玄入牝　若亡若存
綿綿不絕　固蒂深根
人各有精　精合其神

神合其氣　氣合體真
不得其真　皆是強名
神能入石　神能飛形
入水不溺　入火不焚
神依形生　精依氣盈
不凋不殘　松栢青青

三品一理　妙不可聽
其聚則有　其散則零
七竅相通　竅竅光明
聖日聖月　照耀金庭
一得永得　自然身輕
太和充溢　骨散寒瓊

得丹則靈　不得則傾
丹在身中　非白非青
誦之萬徧　妙理自明

無上玉皇心印妙經

誦經後念十遍玉經纂補闕

志心皈命禮

金闕玄穹主高上玉皇
尊。諸佛聖師。萬天帝主。
演三卷五品之妙法。周
十號萬德之洪名。放十
七大光明示三十種功
德。拔度生死運化古今。

一萬二千三十六字。洞
玄靈寶高上玉皇本行
集經。

長跪回向懺悔文

伏以。龍章鳳篆。已殫歌
詠之誠。鶴駕鸞輿。重冀

鑒觀之慧。臣 謹炷真香。
重誠奏啓。
道經師寶无始萬神。玉
光會中一切聖真。恭望
恩光俯垂證鑒。臣 向來
看誦。

玉皇本行集經。幾部。敬
為保佑。某入祝語。伏念某。
所宣經典。罔敢不虔。其
柰業力障魔。神志錯亂。
所立根鈍。自然想來。脫
畧混殽。顛倒重疊。臨文

狗意。字誤句。差乖清濁
之正音。涯解會之邪見。
事奪其志。心不在經。問
對起居。斷絕隔越。久誦
懈怠。因事忿嗔。嚴潔或
涉於垢塵。齋戒或成於

瀆慢身口所用之不淨衣冠禮貌之弗虔供不如儀處非其地卷舒操亂隊落脫傷不專不恭大慚大愧伏願慈悲憐憫赦釋罪愆庶

俾誦持得臻感格所祈所願如志如心尚慮經中傳授或誤刋寫多訛其師其人悉皆懺悔仗道威力貌罪消除常轉法輪普度羣品為如上

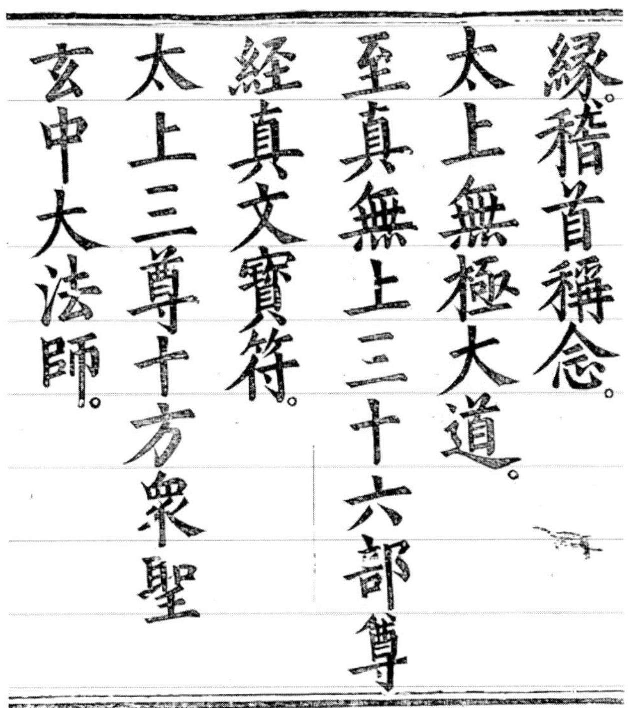

緣。稽首稱念。
太上無極大道。
至真無上三十六部尊
經真文寶符。
太上三尊十方衆聖
玄中大法師。

玉皇赦罪大天尊玄穹
高上帝。
玉經中無鞅數衆神仙。
不可思議功德。
高上玉皇本行集經懺
悔文　終

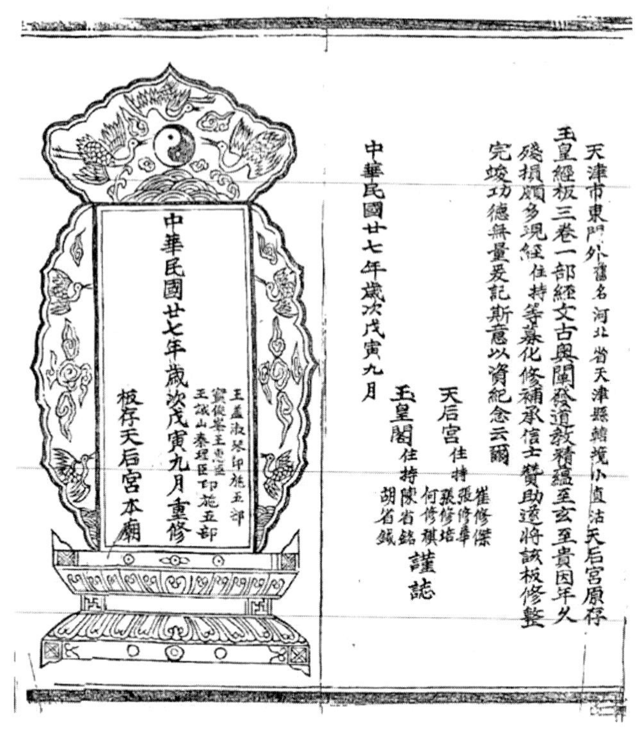

中華民國廿七年歲次戊寅九月重修

王孟淑琴印施五部

竇俊峯王惠亞

王誠山秦理臣印施五部

板存天后宮本廟

天津市東門外舊名河北省天津縣轄境小直沽天后宮原存
玉皇經板三卷一部經文古奧闡發道教精蘊至玄至貴因年久
殘損頗多現經住持等募化修補承信士贊助遂將該板修整
完竣功德無量爰記斯意以資紀念云爾

天后宮住持 崔修傑 張修華 孫修培 何修棋

玉皇閣住持 陳省銘 胡省鉞 謹誌

中華民國廿七年歲次戊寅九月

參考文獻

一、古籍文獻

（一）正史、政書、檔案

1.《明實錄》，臺灣中央研究院歷史語言研究所 1962 年影印本。
2.（明）宋濂等撰：《元史》卷十「本紀第十・世祖七」，中華書局 1976 年 4 月第 1 版。
3.《清實錄》，北京：中華書局 1985 年影印本。
4.（清）稽璜，劉墉奉敕撰：《欽定續通典》，見（《四庫全書》第 640 冊「史部 398・政書類」，上海：上海古籍出版社 1987 年 6 月第 1 版。
5.（清）嵇璜、劉墉等奉敕撰，紀昀等校訂；《欽定續通志》，見《四庫全書》第 393 冊「史部 151・別史類」，上海：上海古籍出版社 1987 年 6 月第 1 版。
6.（清）嵇璜、曹仁虎等奉敕撰：《欽定續文獻通考》，見《欽定四庫全書》第 628 冊「史部 103・編年類」，上海：上海古籍出版社 1987 年 6 月第 1 版。
7. 中國第一歷史檔案館編：《光緒朝硃批奏摺》，北京：中華書局 1995 年 2 月第 1 版。
8. 中國第一歷史檔案編：《乾隆朝上諭檔》，北京：中國檔案出版社 1998 年出版。
9. 中國第一歷史檔案館編：《咸豐同治兩朝上諭檔》，桂林：廣西師範大學出版社 1998 年 8 月第 1 版。
10. 中國第一歷史檔案館編：《嘉慶道光兩朝上諭檔》，桂林：廣西師範大學出版社 2000 年 11 月第 1 版。

11. 中國第一歷史檔案館等合編：《清代媽祖檔案史料彙編》，北京：中國檔案出版社 2003 年 10 月第 1 版。

（二）地方志

1. 穆彰阿、潘錫恩等纂修：（嘉慶）《重修大清一統志》，民國二十三年（1934）刊印本。
2. 岳濬、法敏修，杜詔、顧瀛纂：（雍正）《山東通志》，清雍正七年（1729）修，乾隆元年（1736）刻本。
3. 唐執玉、李衛修，陳儀、田易纂：（雍正）《畿輔通志》，清雍正十三年（1735）刻本。
4. 李鴻章等修，黃彭年等纂：（同治）《畿輔通志》，清光緒十年（1884）刻本。
5. 翟文選等修，王樹枬等纂：（民國）《奉天通志》，民國二十三年（1934）鉛印本。
6. 王樹枬、張國淦等纂修：（民國）《河北通志稿》，民國二十四年（1935）鉛印本。
7. 郜相修，樊深纂：（嘉靖）《河間府志》，1964 年《天一閣藏明代地方志選刊》本。
8. 龍文明修，趙燿、董基纂：（萬曆）《萊州府志》，民國二十八年（1939）鉛印本。
9. 徐可先纂修：（康熙）《河間府志》，清康熙十七年（1678）刻本。
10. 宋琬纂修；張朝琮增修；徐香，胡仁濟增纂：（康熙）《永平府志》，清康熙五十年（1711）刻本。
11. 陶錦修，王昌學、王樫纂：（康熙）《青州府志》，清康熙六十年（1721）刻本。
12. 李梅賓、程鳳文修，吳廷華、汪沆纂：（乾隆）《天津府志》，清乾隆四年（1739）刻本。
13. 嚴有禧纂修：（乾隆）《萊州府志》，清乾隆五年（1740）刻本。
14. 李希賢修，潘遇莘、丁愷曾纂：（乾隆）《沂州府志》，清乾隆二十五年（1760）刻本。
15. 李奉翰、顧學潮修，王金英纂：（乾隆）《永平府志》，清乾隆三十九年（1774）刻本。
16. 王贈芳，王鎮修；成瓘，冷烜纂：（道光）《濟南府志》，清道光二十年（1840）刻本。
17. 毛永柏修，李圖、劉耀椿纂：（咸豐）《青州府志》，清咸豐九年（1859）

刻本。

18. 游智開修，史夢蘭纂：（光緒）《永平府志》，清光緒五年（1879）敬勝書院刻本。
19. 方汝翼、賈瑚修，周悅讓等纂：（光緒）《增修登州府志》，清光緒七年（1881）刻本。
20. 萬青藜、周家楣修，張之洞、繆荃孫纂：（光緒）《順天府志》，清光緒十二年（1886）刻本。
21. 沈家本、榮銓修，徐宗亮、蔡啓盛纂：（光緒）《重修天津府志》，清光緒二十一年（1895）修，二十五年（1899）刻本。
22. （元）熊夢祥撰，北京圖書館（現國家圖書館）古籍善本組整理：（至正）《析津志輯佚》，北京：北京古籍出版社 1983 年 9 月出版。
23. （明）詹榮纂修：（嘉靖）《山海關志》卷八，明嘉靖十四年（1535）刻本。
24. （明）張爵：《京師五城坊巷胡衕集》，出版時間：明嘉靖三十九年（1560）。
25. （明）唐交等修，高濬等纂：（嘉靖）《霸州志》，1936 年《天一閣藏明代地方志選刊》本。
26. 陳天植等修，佘一元纂：（康熙）《山海關志》，清康熙九年（1670）刻本。
27. 閻甲胤修，馬方伸纂：（康熙）《靜海縣志》，清康熙十二年（1673）刻本。
28. 高崗纂修：（康熙）《蓬萊縣志》，清康熙十二年（1673）刻本。
29. 牛一象修，范育蓄纂：（康熙）《寶坻縣志》，清康熙十二年（1673）刻本。
30. 金祖彭修，程先貞纂：（康熙）《德州志》」，清康熙十二年（1673）刻本。
31. 朱廷梅修，孫振宗纂：（康熙）《霸州志》，清康熙十三年（1674）刻本。
32. 薛柱斗修，高必大纂：（康熙）《天津衛志》，清康熙十四年（1675）抄本。
33. 薛柱斗修，高必大纂：（康熙）《新校天津衛志》，民國二十三年（1934）鉛印本.
34. 朱奎揚、張志奇修，吳廷華等纂：（乾隆）《天津縣志》，清乾隆四年（1739）刻本。
35. 包桂纂修：（乾隆）《海陽縣志》，清乾隆七年（1742）刻本。
36. 洪肇楙修，蔡寅鬥纂：（乾隆）《寶坻縣志》，清乾隆十年（1745）刻本。
37. 周於智修，劉恬纂：（乾隆）《膠州志》，清乾隆十七年（1752）刻本。
38. 鍾和梅纂修：（乾隆）《臨榆縣志》，清乾隆二十一年（1756）刻本。
39. 謝客纂修：（乾隆）《玉田縣志》，清乾隆二十一年（1756）刻本。
40. 袁中立修，毛贄纂：（乾隆）《黃縣志》，清乾隆二十一年（1756）刻本。
41. 劉統修，劉炳、王應鯨纂：（乾隆）《任丘縣志》，清乾隆二十七年（1762）刻本。

42. 胡德琳、藍應桂修，周永年、盛百二纂：(乾隆)《濟寧直隸州志》，清乾隆四十三年（1778）刻本。
43. 阿桂等修；劉謹之等纂：(乾隆)《欽定盛京通志》，清乾隆四十四年(1779)活字本。
44. 高天鳳修，金梅纂：(乾隆)《通州志》，清乾隆四十八年（1783）刻本。
45. 英廉等奉敕編：《日下舊聞考》，全書名《欽定日下舊聞考》，清乾隆五十三年（1788 年）武英殿刻本。
46. 郭文大纂修，王兆鵬增訂：(乾隆)《威海衛志》，民國十八年（1929）鉛印本。
47. 倪企望修，鍾廷瑛、徐國行纂：(嘉慶)《長山縣志》，清嘉慶六年（1801）刻本。
48. 黃掌綸纂修：(嘉慶)《長蘆鹽法志》，清嘉慶十年（1805）刻本。
49. 吳士鴻修，孫學恒纂：(嘉慶)《灤州志》，清嘉慶十五年（1810）刻本。
50. 王文燾修，張本、葛元昶纂：(道光)《重修蓬萊縣志》，清道光十九年(1839)刻本。
51. 蔡培，歐文修；林汝謨纂：(道光)《文登縣志》，清道光十九年（1839）刻本。
52. 李天騭修，岳賡廷纂：(道光)《榮成縣志》，清道光二十年（1840）刻本。
53. 徐宗乾修；許瀚纂：(道光)《濟寧直隸州志》，清道光二十一年（1841）刻本。
54. 張同聲修，李圖等纂：(道光)《重修膠州志》，清道光二十五年（1845）刻本。
55. 吳長元撰《宸垣識略》，清咸豐二年（1852）刻本。
56. 吳惠元修，蔣玉虹、俞樾纂：(同治)《續天津縣志》，民國十七年（1928）補刻本。
57. 王福謙、江毓秀修，潘震乙纂：(同治)《鹽山縣志》，清同治七年（1868）京都文采齋刻本。
58. 尹繼美纂修：(同治)《黃縣志》，清同治十年（1871）刻本。
59. 鄭士蕙纂修：(同治)《靜海縣志》，清同治十二年（1673）刻本。
60. 韓耀光修，史夢蘭纂：(同治)《遷安縣志》，清同治十二年（1873）文峰書院刻本。
61. 林溥修；周翕鍠纂：(同治)《即墨縣志》，清同治十二年（1873）刻本。
62. 蔡志修等修，史夢蘭纂：(光緒)《樂亭縣志》，清光緒三年（1877）刻本。
63. 趙允祜修，高錫疇纂：(光緒)《臨榆縣志》，清光緒四年（1878）刻本。
64. 丁符九修，談松林纂：(光緒)《寧河縣志》，清光緒六年（1880）刻本。

65. 鄭錫鴻、江瑞採修，王爾植等纂：（光緒）《蓬萊縣續志》，清光緒八年（1882）刻本。
66. 夏子鎏修，李昌時纂，丁維續纂：（光緒）《玉田縣志》，清光緒十年（1884）刻本。
67. 陳嗣良修，孟廣來、賈乃延纂：（光緒）《曹縣志》，清光緒十年（1884）刻本。
68. 何崧泰等修，史樸等纂：（光緒）《遵化通志》，清光緒十二年（1886）刻本。
69. 陳懋修，張庭詩、李堉纂：（光緒）《日照縣志》，清光緒十二年（1886）刻本。
70. 周植瀛修，吳潯源纂：（光緒）《東光縣志》，清光緒十四年（1888）刻本。
71. 趙炳文、徐國禎修，劉鍾英、鄧毓怡纂：（光緒）《大城縣志》，清光緒二十三年（1897）刻本。
72. 楊文鼎修，王大本等纂：（光緒）《灤州志》，清光緒二十四年（1898）刻本。
73. 王振錄、周鳳鳴修，王寶田纂：（光緒）《嶧縣志》，清光緒三十年（1904）刻本。
74. 陳嘉楷修，韓天衢纂：（光緒）《昌邑縣續志》，清光緒三十三年（1907）刻本。
75. 田徵葵編：《錦縣鄉土志》，清光緒三十三年（1907）修，清宣統二年（1910）抄本。
76. 李祖年修，于霖逢纂：（光緒）《文登縣志》，民國二十二年（1933）鉛印本。
77. 羅邦彥、傅齎予修，李勦運修：（光緒）《高密縣志》，民國二十四年（1935）鉛印本。
78. （日）中國駐屯軍司令部編，侯振彤譯：《天津市史志叢刊》（一）（原名《天津志》），日本明治四十二年九月（清宣統元年，1909）印行，天津地方史志編修委員會總編輯室編，1986年4月印。
79. 李端修，桑悅纂：（弘治）《太倉州志》卷十上，清宣統元年（1909）《彙刻太倉舊志五種》刻本。
80. 楊士驤等修，孫葆田等纂：（宣統）《山東通志》，清宣統三年（1911）修，民國四年（1915）山東通志刊印局鉛印本。
81. 趙恭寅修，曾有翼等纂：（民國）《瀋陽縣志》，民國六年（1917）鉛印本。
82. 章運煒修，崔正峰、郭春藻纂：《蓋平縣鄉土志》，民國九年（1920）石印本。

83. 程廷恒修，張素纂：（民國）《復縣志略》，民國九年（1920）石印本。
84. 王文藻修，陸善格、朱顯廷纂：（民國）《錦縣志略》，民國九年（1920）鉛印本。
85. 郁濬生修，畢鴻賓等纂：（民國）《續修鉅野縣志》，民國十年（1921）刻本。
86. 廖彭、李紹陽修，宋掄元等纂：（民國）《莊河縣志》，民國十年（1921）鉛印本。
87. 廷瑞、孫紹宗修，張輔相纂：（民國）《海城縣志》，民國十三年（1924）鉛印本。
88. 侯蔭昌修，張方墀纂：（民國）《無棣縣志》，民國十四年（1925）鉛印本。
89. 恩麟、王恩士修，楊蔭芳等纂：（民國）《興城縣志》，民國十六年（1927）鉛印本。
90. 趙琪修，袁榮叟纂：（民國）《膠澳志》，民國十七年（1928）鉛印本。
91. 劉景文、高乃濟修，郝玉璞纂：（民國）《岫岩縣志》，民國十七年（1928）鉛印本。
92. 仵濂、高淩霨修，程敏侯等纂：（民國）《臨榆縣志》，民國十八年（1929）鉛印本。
93. 石秀峰、辛廣瑞修，王鬱雲纂：（民國）《蓋平縣志》，民國十九年（1930）鉛印本。
94. 高淩雯纂修：（民國）《天津縣新志》，民國二十年（1931）金鉞刻本。
95. 宋蘊璞纂修：（民國）《天津志略》，民國二十年（1931）北京蘊興商行鉛印本。
96. 滕紹周修，王維賢纂：（民國）《遷安縣志》，民國二十年（1931）鉛印本。
97. 王陵基修，于宗潼纂：（民國）《福山縣志稿》，民國二十年（1931）鉛印本。
98. 關定保等修，于雲峰等纂：（民國）《安東縣志》，民國二十年（1931）鉛印本。
99. 王純吉、王佐才修，楊維嶓、李其實纂：（民國）《莊河縣志》，民國二十三年（1934）鉛印本。
100. 劉國斌修，劉錦堂纂：（民國）《四續掖縣志》，民國二十四年（1935）鉛印本。
101. 余有林、曹夢九修，王照青纂：（民國）《高密縣志》，民國二十四年（1935）鉛印本。
102. 李樹德修；董瑤林纂：（民國）《德縣志》，民國二十四年（1935）刻本。
103. 范築先修；李宗仁纂：（民國）《續修臨沂縣志》，民國二十四年（1935）

鉛印本。

104. 牛占誠修，周之楨纂：(民國)《茌平縣志》，民國二十四年（1935）鉛印本。

105. 楊晉源修，王慶雲纂：(民國)《營口縣志》，民國二十四年，僞康德二年（1935）油印本。

106. 宋憲章修，于清泮纂：(民國)《牟平縣志》，民國二十五年（1936）石印本。

（三）雜史、詩集、文集、報刊、畫報等

1. （元）虞集：《道園學古錄》，見《欽定四庫全書》第 1207 冊「集部 146．別集類」，上海：上海古籍出版社 1987 年 6 月第 1 版。

2. （明）李賢撰：《古穰集》，見《影印文淵閣四庫全書》第 1244 冊「集部 183．別集類」，上海：上海古籍出版社 1987 年 6 月第 1 版。

3. （明）丘濬撰：《重編瓊臺稿》，明天啓元年（1621）瓊山丘爾轂刊本。

4. （明）郎瑛《七修類稿》，見《續修四庫全書》第 1123 冊「子部．雜家類」，上海：上海古籍出版社 2002 年 3 月第 1 版。

5. （明）張鼎思輯：《琅琊代醉篇》，明萬曆二十五年（1597）陳性學刻本。《四庫全書存目叢書》子 130「子部．雜家類」，濟南：齊魯書社 1997 年 3 月第 1 版。

6. （明）王圻撰：《續文獻通考》，見《續修四庫全書》第 764 冊「史部．政書類」，上海：上海古籍出版社 2002 年 3 月第 1 版。

7. （明）倪綰輯：《群談採餘》，明萬曆二十年（1592）倪思意刻本。見《四庫未收書輯刊》第三輯第 29 冊，北京：北京出版社 1997 年 12 月影印出版。

8. （明）佚名：《海道經》，見《四庫全書存目叢書》史 221「史部．地理類」，濟南：齊魯書社 1997 年 3 月出版。

9. （明）貝瓊：《清江詩集》，見《欽定四庫全書》第 1228 冊「集部 167．別集類」，上海：上海古籍出版社 1987 年 6 月第 1 版。

10. （清）汪汝淳撰，李尚英校注：《毛大將軍海上情形》（節錄），北京大學圖書館藏本，《清史研究通訊》1990 年第 2 期。

11. （清）徐乾學：《資治通鑒後編》，見《欽定四庫全書》第 345 冊「史部 103．編年類」，上海：上海古籍出版社 1987 年 6 月出版。

12. （清）秦蕙田：《五禮通考》，見（《欽定四庫全書》第 136 冊「經部 130．禮類」，上海：上海古籍出版社 1987 年 6 月出版。

13. （清）照乘等編：《天妃顯聖錄》，臺灣銀行經濟研究室 1960 年鉛印本。

14. （清）樊彬撰：《津門小令》，1988 年天津圖書館據清刻本影印。
15. （清）汪沆撰：《津門雜事詩》，清乾隆四年（1739）精刻本。
16. （清）梅成棟輯：《津門詩抄》，清道光四年（1824）思誠書屋刻本。
17. （清）魏源撰：《古微堂外集》，清光緒四年（1878）淮南書局刻本。
18. （清）張燾輯：《津門雜記》，清光緒十年（1884）刻本。
19. （清）丁運樞等撰：《張公襄理軍務記略》，清宣統二年（1910）石印本。
20. （清）石小川撰：（宣統）《天津指南》，清宣統三年（1911）天津文明書局鉛印本。
21. （清）郝福森撰：《津門聞見錄》，稿本。
22. （清）劉孟揚撰：《天津拳匪變亂紀事》，清抄本。
23. （清）金淳：《金樸亭詩集》，稿本。
24. （清）華鼎元輯：《梓里聯珠集》，南開大學圖書館館藏抄本。
25. （民國）中華輿圖學社撰：《津門精華實錄》，民國七年（1918）11 月刊印。
26. （民國）朱啓明撰：《天津貧民半日學社記略》，天津中外印字館民國九年（1920）刊印。
27. （民國）古蓨孫撰：《天津指南》，民國十一年（1922）刊印。
28 （民國）李琴湘撰：《天津過年歌》，民國十一年（1922）天津社會教育處鉛印本。
29. （民國）甘絳羊撰：《新天津指南》，民國十六年（1927）刊印。
30. （民國）天津市市志編纂處編：《天津市概要》，天津百城書局民國二十三年（1934）刊印。
31. （民國）馮文洵：《丙寅天津竹枝詞》，民國二十三年（1934）鉛印本。
32. （民國）徐肇瓊撰，張格點校：《天津皇會考》，望雲居士、津沽閒人撰，張格點校：《天津皇會考紀》，（清）羊城舊客撰，張守謙點校：《津門記略》，天津：天津古籍出版社 1988 年 6 月第 1 版。
33. （民國）齊堯封撰：（民國）《簡明天津指南》，北平：中華印書局民國二十五年（1936）刊印。
34. （民國）燕歸來簃主人撰：《天津遊覽志》，北平：中華書局民國二十五年（1936）1 月刊印。
35. （民國）高淩雯撰：（民國）《志餘隨筆》，民國二十五年（1936）天津金氏屏盧刻本。
36. （民國）王守恂撰：（民國）《天津政俗沿革記》，民國二十七年（1938）天津金鉞精刊本。

37. （民國）張江裁輯：《京津風土叢書》，民國二十七年（1938）鉛印本。
38. （民國）李燃犀：《津門豔蹟》，大陸廣告公司圖書部民國三十年（1941）五月初版。
39. （民國）天津特別市公署宣傳處民國三十二年（1943）編，石鼓輯：《津津月刊》第 2 卷第 1 期。
40. （民國）天津市政府秘書處編：《天津市周刊》第 1 卷 3 期，民國三十五年（1946）12 月刊行。
41. （民國）集思堂居士撰：《天津縣地理教科書》，民國間石印本，集思堂藏版。
42. 天津《大公報》（1902～1949）。
43. 天津《益世報》（1915～1949）。
44. 天津《北洋畫報》（1926～1937）。

二、文章與著述

1. 陳鐵卿著：《天津天后宮》，載《天津文史叢刊》第 4 期。
2. 徐玉福編注：《媽祖廟宇對聯》，南昌：江西人民出版社 2000 年 4 月第 1 版。
3. 董季群著：《天后宮寫眞》，天津：天津社會科學院出版社 2002 年 8 月第 1 版。
4. 葛振家著：《崔溥〈漂海錄〉評注》，北京：線裝書局 2002 年 10 月第 1 版。
5. 王晶辰主編，王菊耳副編：《遼寧碑志》，瀋陽：遼寧人民出版社 2002 年 12 月第 1 版
6. 董季群著：《天津天后宮》，天津：天津人民出版社 2012 年 6 月第 1 版。
7. 趙娜、高洪鈞編注：《天津竹枝詞合集》，天津：天津人民出版社 2014 年 10 月第 1 版。

後　記

本書能夠順利出版，承蒙多方的大力關注、熱情指導和無私幫助。

首先，應該感謝的是原天津市政協副主席、天津市臺灣研究會會長蔡世彥先生。蔡先生在接到筆者盛情之邀後，不顧年事已高，百忙之中欣然提筆作序。在這裏，我無法找出更恰當的詞語來表達自己的情感，只能再次深切地表達謝意。

其次，我要感謝自己的摯友、南開大學歷史學院何孝榮教授，他在本書的編寫過程中提出許多很好的建議，使我受益良多。

在本書即將付梓之際，這裏需要感謝的還有我的夫人陳薇女士。她爲支持我的事業，付出了很多辛勤的努力和汗水，因此本書的最終得以出版，實際上凝結了我們兩人多年來共同的心血。

在這裏最需要感謝的是臺灣花木蘭文化出版社，以及高小娟、楊嘉樂、許郁翎等多位老師，他們在本書的編排、校對和出版過程中，一直給與了種種大力的資助和支持。本書也是我和臺灣花木蘭文化出版社合作出版的第二部學術專著，正是承蒙他們的大力支持和熱情資助，才使得本書最終得以順利出版發行。

這裏需要感謝的人還有很多很多，只是由於篇幅所限，在此不能夠再一一提及，謹此一併表示深切的謝忱。願媽祖能夠保祐所有曾經關心、支持和幫助我的人們，一生平安、幸福。